W0299582

XAVIER DYÈVRE

LA RESTAURATION DES SIÈGES

Recollage et réparation des bois

EDITIONS FLEURUS

Éditions Fleurus 15/27, rue Moussorgski, 75018 Paris

Sommaire

Avant-propos

Assis sur un siège, un être humain tient rarement en place. L'un discute avec animation, oubliant que *la commodité de la conversation* qui le supporte n'a rien d'un robuste rondin de bois ; un autre se balance comme sur un *rocking-chair* devant son bureau, en quête de l'inspiration créatrice, un troisième sort de table en poussant vigoureusement sur sa chaise. Il en résulte, pour le siège, des efforts au niveau des assemblages, et il devient branlant. Si l'on continue à le maltraiter, il casse à ses endroits fragiles.

Un siège doit être soudé de toutes parts : lorsqu'un seul tenon se décolle, l'ensemble prend rapidement du jeu. Là intervient l'ébéniste ou, pourquoi pas ? l'amateur, guidé par ce manuel.

Pour débuter, recollez des sièges sans grande valeur. Lorsque vous aurez plus d'expérience, vous pourrez toucher, avec précaution, à une oeuvre conçue dans un passé lointain. Si une difficulté dépasse votre compétence, faites appel à un artisan, il sera tout à votre honneur de reconnaître vos limites. Nous ne voudrions pas que ces pages donnent lieu à des excès de zèle.

Gardez un maximum de bois ancien

Un ébéniste se doit de garder un maximum de bois ancien. Même si le siège est destiné à servir, il faut bien réfléchir avant de remplacer un élément cassé ou piqué aux vers. On peut souvent le renforcer. Enfin, si un siège d'époque est très fragile, ayez la sagesse de le conserver au repos, en tant qu'objet décoratif. C'est la seule façon de lui garder sa valeur.

Nécessité du dessin

La structure d'un siège qui présente des formes arrondies est plus compliquée que celle d'un autre meuble. C'est pourquoi la construction des sièges a toujours été une

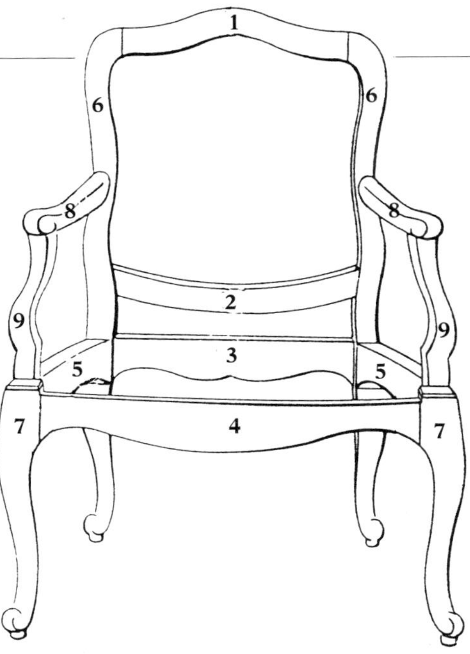

TERMES DE MENUISERIE EN SIÈGE

1. Traverse haute du dossier.
2. Traverse de milieu du dossier.
3. Traverse arrière.
4. Traverse avant.
5. Traverse de côté.
6. Montant du dossier et pied arrière.
7. Pied avant.
8. Accotoir.
9. Support d'accotoir.

Fauteuil Louis XV, dossier plat *à la reine*.
Les pieds avant se finissent par une petite volute posée sur un *bouchon*. Ce sont des *pieds de biche*, caractéristiques du style Louis XV.

spécificité distincte de l'ébénisterie proprement dite. Concevoir des courbes en trois dimensions demande une bonne connaissance de la géométrie descriptive. Toutefois un restaurateur pourra, dans presque tous les cas, copier un élément existant en s'aidant de calibres en carton, pour refaire un autre bras, une autre traverse, un nouveau montant, si cela est indispensable.

Outillage

Le marché incite les amateurs au suréquipement. Si vous ne possédez pas de machines à bois sophistiquées, sachez qu'elles n'exécutent que ce qui a de tout temps été façonné avec des outils à main. Vous pourrez restaurer parfaitement tous les sièges du monde avec un outillage modeste, de la patience et de la réflexion.

Un peu de vocabulaire

Traverses et montants constituent la carcasse du siège.

Traverses : éléments horizontaux. On distingue les traverses de l'assise, et celles du dossier.

Montants : éléments verticaux. Les pieds avant sont donc des montants courts, ceux du dossier sont longs.

Les sièges à travers les époques

Antiquité (2000 av. J.-C. - 395 ap. J.-C.)

Les plus anciens meubles en bois parvenus jusqu'à nous sont égyptiens. Les extraordinaires techniques de conservation employées dans les pyramides, 1500 ans avant notre ère, ont préservé des sièges aux pieds en pattes de lion, incrustés d'ivoire et d'or, à l'assise tendue de lanières de cuir.

Pour les civilisations grecques ou romaines, par contre, seules les fresques ou les céramiques apportent un témoignage sur le mobilier dont le bois s'est désintégré.

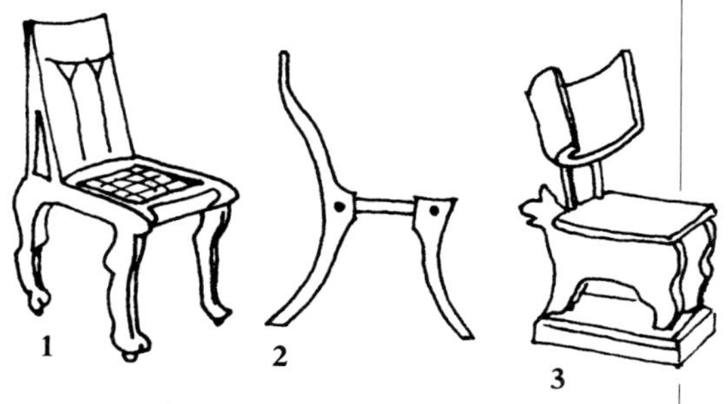

1. Chaise égyptienne, pieds en pattes de lion.

2. Chaise grecque, modèle de sobriété et d'élégance.

3. Chaise romaine.

Ces civilisations antiques avaient en commun une étonnante maîtrise de la construction, du confort et des lignes des sièges. Certains nous paraissent même d'une modernité proche du design !

Époque médiévale (350-1500)

La chute de Rome et les invasions barbares semblent effacer les acquis technologiques des générations précédentes. Les replis stratégiques d'une forteresse à l'autre limitent au strict minimum le mobilier qui porte alors bien son nom, car il est sans cesse transporté et soumis à rude épreuve sur les chemins.

Les sièges sont pour la plupart de construction sommaire et robuste. On s'assoit sur des coffres ou des chaires (fauteuils à dossier droit et plein qui possèdent un coffre dans leur piètement). En guise de dossier, les bancs présentent une barre pivotante qui les oriente vers la table au moment des repas, et face au feu de la cheminée pour la conversation. De nombreux tabourets, selles ou pliants, servent de sièges courants.

La décoration et le confort étaient assurés par une profusion de tapisseries et de coussins dont il nous reste peu de témoignages.

Seules les stalles des églises, fixes, bénéficient de bois finement ouvragés. Certains sièges, comme le trône de Dagobert, sont en fer et en bronze, matériaux solides qui permettent d'en affiner la construction. Pliants, ils sont aisément transportables.

La forme des meubles est liée à la vie sociale. Ainsi les trônes sont de structure élevée afin que le seigneur, assis, se maintienne au niveau de l'assemblée de ses vassaux qui, eux, restent debout.

À la fin du moyen âge, les chaises romanes s'ornent de sculptures en parchemin plissé. Le gothique montre des décors en fenestrage qui rappellent les arcs-boutants de l'architecture. Le faible éclairage des châteaux forts amène à accentuer nettement ces sculptures pour qu'elles soient visibles.

Renaissance (1500-1610) : François 1er, Henri II, Henri IV

On appelle Renaissance le mouvement qui renoue avec la culture antique. L'art s'inspire de l'architecture gréco-romaine. Amorcé en Italie, ce renouveau est encouragé en France par François Ier et favorisé par l'accalmie politique. Chapiteaux, colonnes, balustres, bustes féminins, etc. s'inscrivent dans la structure et les panneaux des sièges. Dans les nouvelles résidences s'ouvrent de larges fenêtres : l'éclairage généreux permet de sculpter délicatement à fleur de bois.

La chaire se débarrasse de son coffre d'entrejambe et ses proportions se réduisent pour donner la chaise à bras (notre fauteuil). Ce siège est réservé aux hommes nobles car les robes des femmes s'encombrent d'un cerceau d'osier, la vertugade, qui ne peut s'insérer entre les accotoirs. Ces dames doivent se contenter de tabourets, nommés chaises à femmes ou caquetoires, agrémentés tout de même de coussins sur lesquels « elles sont assises en la maison, besoignant à l'aiguille et quaquetant »*.

Le «pupitre» de sainte Radegonde (VIe siècle). Il s'agit du meuble français le plus ancien arrivé intact jusqu'à nous, car conservé comme relique. Il s'agit très probablement d'un repose-pied : des sculptures et des vitraux montrent en effet des personnages assis sur un trône, les pieds posés sur ce genre de petite estrade. Ce petit meuble en bois montre des assemblages par tenons et mortaises, ce qui prouve que le procédé est connu dans notre pays depuis très longtemps, alors qu'on pensait qu'il n'y était apparu que vers le XIVe siècle (d'après François Germond).

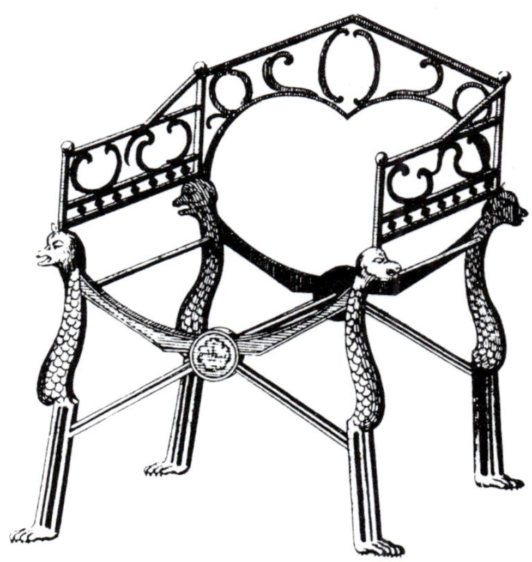

Siège pliant en cuivre doré du roi Dagobert (630). D'après Roubo, *Art de la menuiserie* (1772). Ce fauteuil était tendu d'un tissu recouvert d'un coussin.

* d'après le *Trésor de la langue française* de Nicot, 1606.

Louis XIII (1610-1643)

Le mobilier Louis XIII est marqué par l'influence espagnole et hollandaise. Plus larges que hauts, les dossiers, prennent une légère inclinaison, ce qui les rend plus confortables. Les pieds sont en bois tourné, en colonne, en chapelet ou en spirale. Les traverses d'entrejambe ne sont plus en carré mais en H. Une traverse horizontale relie les pieds avant à mi-hauteur. Les lignes générales des sièges restent droites.

Les premières garnitures de tissu ou de cuir (peau de mouton ou vachette) fixées au siège par des clous sont apparues en France vers 1600. Elles remplaçaient les « carreaux » (coussins) et venaient d'Italie. Le rembourrage fut d'abord formé par des feuilles végétales tassées, puis par du crin animal pressé comme aujourd'hui.

Le mot *fauteuil* apparaît à cette époque : Richelieu fonde l'Académie française et ses fauteuils d'académiciens. Sur les modèles les plus prestigieux, les supports des bras se terminent par un buste féminin, un personnage ou une tête d'animal (par exemple un mufle de lion).

La mode des robes à vertugadin passe. Hommes et femmes utilisent désormais les mêmes fauteuils.

Chaise Renaissance Henri II, 1580, recouverte de cuir.

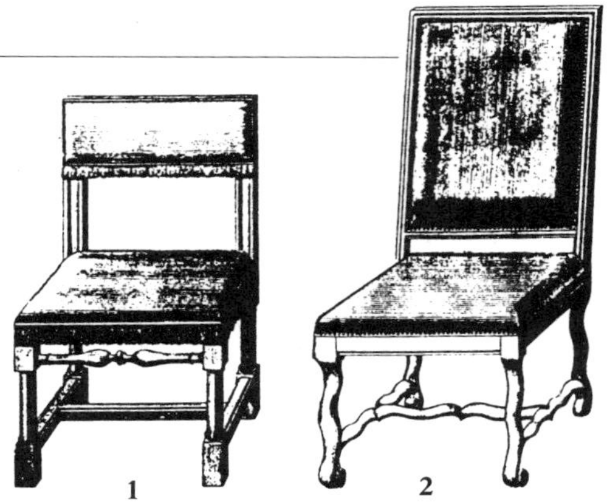

1. Chaise Louis XIII.

2. Chaise Louis XIV, 1700. Piètement en os de mouton.

Louis XIV (1643-1715)

À la cour de Versailles, les sièges prennent une telle importance que Voltaire ironisera : « C'était là d'importants objets de politique et d'illustres sujets de querelles ». Au sommet se place le fauteuil, à l'assise trapézoïdale (jusque là elle était rectangulaire), aux bras décrivant un mouvement souple se terminant en enroulement, au dossier imposant. Encore aujourd'hui occuper le fauteuil veut dire présider une assemblée.

Puis vient la *chaise à dos* dont le dossier étroit est très haut, et enfin une multitude de *placets* et de *ployants* que l'on dispose le long des murs. D'après l'inventaire, il y avait quelques 1323 tabourets à Versailles ! Saint-Simon relate à ce propos dans ses Mémoires « l'affaire des tabourets » : cette dispute entre princesses de sang eut pour conclusion que toutes durent s'asseoir sur des petites chaises de paille, comme leurs dames de compagnie, pour ménager les susceptibilités...

À la fin du règne de Louis XIV, le bout des accotoirs dévie vers l'extérieur, les bras s'ouvrent. La silhouette des fauteuils devient nettement plus accueillante. Les sièges de

Bergère fin Régence, en bois laqué et doré, recouverte de brocard. Dossier plat à la reine. Château de Versailles.

prestige sont abondamment sculptés et dorés. Un grand fauteuil haut sur pied, dit *en confessionnal,* montre de chaque côté du dossier une joue garnie sur laquelle on appuie sa tête. Sur leur étroit lit de repos, au court chevet vertical, les dames de haut rang reçoivent à demi-allongées.

Régence (1715-1723)

Après la mort de Louis XIV, la noblesse s'éloigne de Versailles et bâtit des hôtels particuliers à Paris. Les pièces y sont plus petites, les meubles aussi, et leurs formes s'assouplissent.

L'usage des robes à panier pose de nouveau problème : leur ampleur interdit aux dames de s'asseoir entre les bras d'un fauteuil, et les oblige même parfois à franchir les portes de biais ! Ne pouvant élargir excessivement les sièges, les menuisiers reculent les supports d'accotoirs. Au lieu de prolonger les pieds avant, ces petits montants s'implantent dorénavant dans les traverses latérales.

Les dames de la haute société se reposent sur une *duchesse*, chaise longue à deux dossiers de hauteurs différentes.

Puis apparaît la *bergère*, spacieux fauteuil garni sous les bras, doté d'orillons perpendiculaires qui servent d'appui-tête. Et quand assise dans « sa » bergère près de la cheminée, une femme se tient à certaines heures de la matinée en négligé, non parée ni coiffée, on dit qu'elle est *en bergère*. Plus tard on fera des bergères de compagnie, de dimensions moindres et aux orillons ouverts ou inexistants, afin de préserver la coiffure des visiteuses.

Très beau fauteuil Régence canné, en noyer. Châssis amovible, dossier à la reine et croisillon d'entrejambe. On voit le dispositif permettant de serrer le bras en cours de recollage. Par terre, un pot de colle chaude au bain-marie constitué de deux récipients en cuivre placés l'un dans l'autre.

Dans les salles de jeu, les hommes s'installent à califourchon sur des *voyelles* pour voir jouer, les bras croisés confortablement sur le coussin qui termine le dossier.

Le piètement des sièges de cette époque se termine par quatre pieds de biche à sabots, ou par des petites volutes. L'entretoise disparaît, ce qui allège le piètement. La traverse haute du dossier s'arrondit. La traverse de devant de l'assise prend une forme en arbalète dont le bombé donne un meilleur confort aux cuisses. Elle est ornée d'une coquille sculptée. Sur les pieds sont sculptés palmettes, feuilles d'acanthe et feuillages fleuris.

Fauteuil de cabinet de style Louis XV. Les pieds sont placés aux quatre points axiaux : un devant, un derrière, un de chaque côté. Ses manchettes sont recouvertes de cuir.

Louis XV (1723-1774)

Le style Louis XV voit une grande innovation : le *siège en cabriolet*. Son dossier est cintré, les angles vifs en sont bannis, ce qui donne une harmonieuse continuité à l'arrondi des traverses et facilite l'appui du dos. Le siège ergonomique qui « colle à la peau » est né. Les sièges qui conservent un dossier plan sont dits *à la reine*.

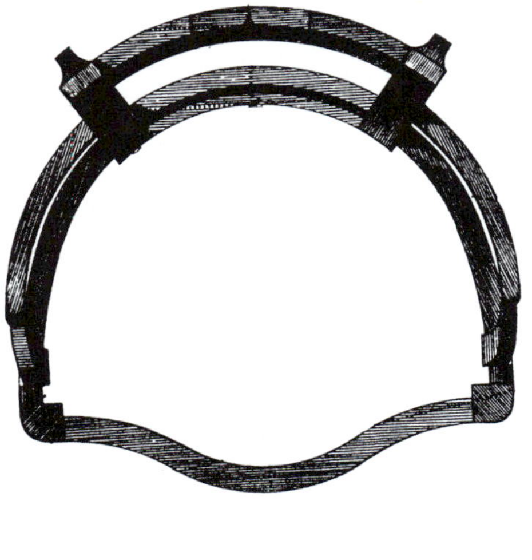

Bois de fauteuil Louis XV, dossier cintré en cabriolet. Vue de dessus, par Roubo, Art de la menuiserie.

Cintrés ou plats, les dossiers prennent une forme violonée. Les supports d'accotoirs s'évasent. Les pieds arrière se terminent par une cambrure qui les rejette vers l'extérieur.

Montants et traverses sont soulignés par une moulure creuse. Un répertoire luxuriant apparaît, formé de coquilles de fantaisie, d'herbages, de grenades éclatées, etc. : c'est le style *rocaille*. Puis, peu à peu le style s'épure, les courbes sont juste soulignées d'une moulure, parfois rehaussée de fleurs et de feuilles. Cette simplicité et cette harmonie sont admirées du monde entier.

Sous la Régence et au début du règne de Louis XV, les décors sont souvent peints en couleur *au naturel* sur fond gris ou vert pâle.

Chaise à bouillie pour les enfants, fauteuils de jardins, chaises percées... une multitude de sièges nouveaux voient le jour, dont la *chauffeuse*, siège bas sur lesquels les femmes s'installent devant la cheminée pour leurs travaux d'aiguilles.

Élégance suprême, les sièges à *châssis amovible* permettent désormais de changer de garniture selon les saisons : velours de soie frappé pour l'hiver, soierie fleurie pour l'été !

Le *fauteuil de cabinet* présente une traverse de dossier très arrondie qui se continue jusqu'aux accotoirs, et une forte saillie sur la traverse avant. Ses pieds s'implantent parfois curieusement aux quatre points axiaux, c'est-à-dire un à droite, un à gauche, un derrière et un devant. Roubo en vante le confort : « Les cuisses de ceux qui écrivent se trouvent écartés, portant également partout, et ne sont pas blessées par le devant de la traverse de ceinture ». Certains rares modèles comportent deux pieds arrière, ce qui en fait cinq !

Les sièges à plusieurs places se multiplient : le *canapé* conçu comme un très large fauteuil, le *sofa* aux joues garnies comme une bergère, l'*ottomane* en forme de gondole d'origine turque, la *veilleuse* aux deux chevets arrondis (le grand s'inclinant vers le petit), ou la *méridienne*, sorte de sofa dont le dossier se penche.

Robe à panier (Régence).

Bergère, chaise et tabouret de pied Louis XVI, de l'ébéniste Jacob. Les sièges dorés sont souvent sculptés très finement. Dossier plat à la reine. Appartements intérieurs de Marie-Antoinette au château de Versailles.

Louis XVI (1774-1793)

La fin du XVIIIe siècle montre un nouvel engouement pour l'Antiquité. Les lignes des meubles perdent leurs galbes et reprennent des formes rigides. Les pieds des sièges sont droits et effilés, creusés de cannelures. Les traverses de l'assise se rejoignent sur un dé de raccordement sculpté d'une rosace. Les supports d'accotoirs reviennent à l'aplomb des pieds : la mode féminine a abandonné les robes à panier.

Les dossiers sont ovales, en médaillon, en chapeau, ou tout simplement rectangulaires. Le décor sculpté très finement s'inspire de l'art gréco-romain : entrelacs, perles, rubans tournants, rais-de-coeurs, feuilles d'acanthe. etc. Le bois peint domine : blanc, lilas, jonquille, vert d'eau (mais le fameux *gris Trianon* est une invention du XIXe siècle).

On rencontre un siège à plusieurs places, inscrit entre deux panneaux de bout symétriques : la *turquoise*.

Directoire et Consulat (1793-1804)

La Révolution abolit les corporations, ce qui a comme conséquence malheureuse d'affaiblir la production artisanale, d'autant que la riche clientèle de l'Ancien Régime a disparu.

Bois de fauteuil Directoire, après restauration (voir pages 80-81). Le relaquage, nécessaire pour dissimuler le montant en bois neuf, sera confié au laqueur. À l'avant, le restaurateur a laissé des équerres sans utilité. Mais la face n'était pas décollée, et il vaut mieux les laisser plutôt que de risquer d'abîmer le siège en les retirant.

Les dossiers s'évasent vers le haut et se terminent par un enroulement. Les pieds prennent une forme de *sabre (à l'étrusque)*. Les supports d'accotoirs sont en balustre et les dés de raccordement striés. Les décors sculptés deviennent plus sobres. L'acajou fait son apparition ainsi que les bois plaqués.

Empire (1804-1815)

Napoléon Ier impose un style nouveau. On recherche le respect absolu des modèles antiques, surtout au retour des campagnes militaires en Égypte (1798-1801). Lions, aigles, cygnes, dauphins, sphinx, bustes féminins

Ornement de haut de dossier de siège Empire en laiton doré. Pour que les clous dorés qui fixent ces «bronzes» ne sortent pas, les tordre légèrement avant de les enfoncer.

égyptiens s'inscrivent dans les pieds et les supports d'accotoirs. Le dossier enveloppant en *gondole* apparaît. Les tabourets retrouvent un piètement en X à la romaine.

L'acajou triomphe, devient quasiment le seul bois employé sur les sièges de valeur, quelquefois rehaussé de bronzes ciselés et dorés. Le blocus continental interdit de 1806 à 1808 l'importation des « bois des îles » employés habituellement en marqueterie (amarante, palissandre, bois de rose, etc.). Les sièges d'usage courant sont en bois fruitiers : merisier, cerisier, prunier...

Restauration Louis XVIII (1815-1824), Charles X (1824-1830)

Avec le retour des Bourbons, les lignes courbes annoncées par les sièges en gondole retrouvent la faveur des menuisiers en sièges. Les chaises aux pieds en console, à dossier en croisillons, s'ornent de marqueteries de loupes de bois clairs (orme par exemple) incrustés de fins décors de bois foncé (amarante). Les accotoirs des fauteuils dessinent d'amples volutes quelquefois appelées *crosses*.

Louis-Philippe (1830-1848)

Sous le règne du roi bourgeois*, les meubles s'alourdissent sensiblement par souci de confort. Les modèles les plus luxueux sont en palissandre incrusté de filets de cuivre ou de marqueterie de citronnier.

* Il arrive que par snobisme on parle de *style Restauration* pour des sièges d'époque Louis-Philippe, nombreux aujourd'hui dans nos salons.

Chaise au dossier marqueté. Alfred Chanaux pour André Groult. Début xxe.

C'est à cette époque qu'apparaît le fauteuil *Voltaire* (que l'écrivain n'a jamais connu !) à l'assise basse et dont le haut dossier se cambre au niveau des reins.

Le fauteuil *crapaud* ouvre la mode des sièges entièrement recouverts de tissu et capitonnés de toutes parts.

Napoléon III (1848-1870)

Sous le Second Empire, à quelques exceptions près, la créativité artisanale se tarit du fait de l'industrialisation. L'ère de la copie d'ancien débute, copies très bien fabriquées mais qui reprennent tous les styles précédents en les exagérant. Toutefois certains sièges en bois laqué noir incrusté de nacre, ou peints en imitation de laque de Chine, sont très fins. Il y eut aussi quantité de jolies petites chaises en bois doré.

Modern Style ou Art nouveau (1900) Art déco ou art moderne (1925)

L'exposition universelle de Paris en 1900 marque une rupture. Émile Gallé, Louis Majorelle empruntent au règne végétal des décors très curieux : iris, lianes, chardons, algues... Les montants sont en *coup de fouet*, les courbes étirées et entremêlées.

Après la Première Guerre mondiale, les créateurs préfèrent des lignes pures et sobres. Les sièges apportent plus de confort grâce à des garnitures très souples. Le tissu ou le cuir dissimulent la structure en bois. L'art du tapissier prime sur celui de l'ébéniste.

L'utilisation de métal et des premières matières plastiques permet la fabrication industrielle de sièges fonctionnels : le *design organique*.

Aujourd'hui encore, des artistes créent, en France comme à l'étranger, des sièges nouveaux. Mais ces initiatives, quelquefois passionnantes, sont trop diverses pour être regroupées en un « style ». Mais peut-être est-ce simplement que nous n'avons pas encore assez de recul par rapport au xxe siècle ? Laissons aux générations futures le soin de faire le tri !

Chaise Président. Création Xylos Paris. Placage de loupe d'orme teintée en vert.

Comment reconnaître un siège ancien

Ce nom d'ébéniste frappé sur le plat d'une traverse arrière n'est pas à sa place. Cette marque devrait être sous la traverse. Du coup, le fauteuil qui paraissait «bon», c'est-à-dire d'époque, devient sujet à suspicion. S'agit-il d'une tentative maladroite d'imitation d'une estampille ?

Une harmonie d'ensemble

« On reconnaît un meuble ancien au premier coup d'oeil ! Un meuble se regarde comme un tableau » répondrait un ébéniste confirmé ou un antiquaire expert. Oui, le coup de main des artisans des XVIIe et XVIIIe siècles, et du début du XIXe, est reconnaissable par une harmonie d'ensemble décelable sans besoin de preuves. Mais encore ? Voici quelques critères :

– Des moulures et des lignes énergiques, même si elles sont courbes, c'est-à-dire un tracé net mais qui reste de sensibilité manuelle. Un cintre ou une droite taillés avec une machine se trahissent d'emblée.

– Un ensemble homogène. De très fines sculptures sur un siège ordinaire datent l'époque Napoléon III. Des ornements patauds sur un siège bien construit trahissent une copie effectuée par un bon menuisier, sans l'aide d'un sculpteur.

– La conformité avec l'esprit des ébénistes de l'époque concernée. Il m'est difficile de préciser davantage, cela se sent en observant les formes des éléments et en comparant avec ses souvenirs... Le restaurateur de meubles acquiert un sens second, inexprimable. Les copies récentes présentent des anomalies : régularité des cannelures poussées à la toupie, sculptures sans originalité, bizarres dimensions des traverses...

Quelques signes nécessaires

Sans constituer des preuves absolues, certains signes sont nécessaires pour que le siège ait des chances d'être vraiment d'époque :

– traces de sciage manuel, irrégulières, à l'intérieur des traverses ;

– couleur brun-gris passé de ces *croûtes* ;

– restes de semences forgées incrustées dans les feuillures de tapisserie ;

– placage scié et non pas tranché ;

– marques de bédane (épais ciseau à bois) dans les mortaises ;

– coups de scie en biais sur les tenons ;

– stries de pointe à tracer et de trusquin ;

– traces de rabot au fer légèrement arrondi sur l'arrière du dossier ;

– trous de chevilles carrés (aujourd'hui les chevilles sont de section ronde).

Les faux de qualité ne peuvent être démasqués qu'au laser. Ils sont fabriqués par des virtuoses selon les anciennes techniques, à partir de bois de récupération pris sur des pièces du XVIIIe siècle le plus souvent. Le talent extraordinaire de ces rares imitateurs force le respect. Leurs sièges ne sont pas anciens, mais ce sont certainement de beaux meubles.

Meuble de style ou meuble d'époque

Par convention, on précise la mention *de style* lorsqu'un meuble n'est pas d'époque. S'il l'est, on ne dit rien, c'est sous-entendu. Ainsi une *chaise Louis XV* a été fabriquée entre 1723 et 1774, mais une *chaise de style Louis XV* est postérieure à 1774.

Chaise et tabouret de style Louis XV, de fabrication récente. Faubourg Saint-Antoine à Paris ou dans les Vosges, des ateliers fabriquent des carcasses de sièges de style, de construction honorable, en hêtre naturel. On peut les poncer, les teinter et les cirer soi-même, puis les faire tapisser. Construits en grande série, ils sont étonnamment peu chers.
Cette chaise et ce tabouret ont reçu une teinture trop foncée (de l'extrait de Cassel probablement). Une teinte plus claire, tirant vers le roux (robe de lièvre) aurait été préférable.

L'estampille en France

L'édit de 1744, exécutoire en 1751, prescrit l'estampillage des meubles par les maîtres-ébénistes. Cette obligation dura jusqu'à la Révolution française. Un siège signé, c'est-à-dire frappé au fer du nom de son auteur, est donc d'époque Louis XV ou Louis XVI. Cette marque est portée en creux, sous la traverse avant ou arrière de l'assise. Elle est quelquefois presque effacée par le travail d'un restaurateur inconscient. Peut-elle être fausse ? Tous les fers du XVIIIe n'ont pas disparu... On peut aussi, grâce aux matériaux modernes, relever l'empreinte d'une estampille très nette et refondre un fer.

Estampille de Jean-Baptiste Gourdin (1748-1776).

Estampille de Georges Jacob (1765-1814).

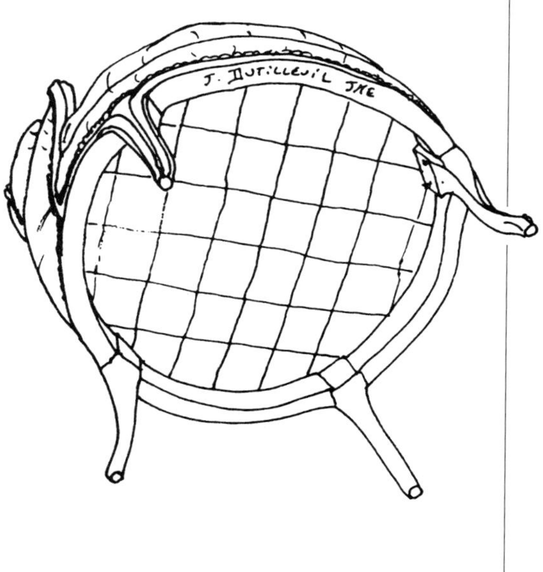

Vue de dessous d'une bergère Louis XV à ceinture circulaire, estampillée sous la traverse avant. Les sangles sont clouées sur le dessus des traverses, comme c'était l'usage au XVIIIe siècle.

Un nom imprimé à l'encre sur le bois, ou sur une étiquette, sur un meuble du XIXe, est le sceau du fabricant, pas une estampille.

Certains maîtres-ébénistes ou *menuisiers en sièges* du XVIIIe sont passés à la postérité : Tilliard, Foliot, Jacob, Séné, Heurtaut, Cresson, Avisse... Ces artisans travaillaient en collaboration avec des sculpteurs, marqueteurs, doreurs, laqueurs, etc.

Tous les sièges du XVIIIe ne sont pas signés car cela permettait d'échapper à l'impôt. Cette taxe était perçue après que les jurés de la corporation aient vérifié la qualité de l'ouvrage, et ajouté à côté de l'estampille le poinçon J.M.E. (Jurés Menuisiers Ébénistes) que l'on retrouve sous les traverses des sièges.

Marque au fer du mobilier de la reine Hortense, époque Restauration. Il ne s'agit pas d'une estampille.

Première partie

Le recollage des sièges

Dégarnir le siège

Recoller un siège nécessite de le démonter, mais les revêtements de confort empêchent d'écarter la carcasse de bois. La première étape consiste donc à retirer le paillage, le cannage ou le tissu garnissant l'assise et le dossier.

L'assise

Châssis amovible. Si l'assise est constituée d'un châssis vissé sous les traverses, il suffit de le dévisser et de le mettre de côté. Un châssis qui s'imbrique dans le dossier par des tenons sera démonté en même temps que toute la chaise (voir démontage, pages 27-28). Pour les fauteuils, démonter d'abord les bras (voir page 48).

Fauteuil de bureau (ou de cabinet), style Louis XVI, en hêtre. Châssis amovible canné. Les premiers sièges cannés, d'origine néerlandaise, datent du début du XVIIe. Ils le furent d'abord en jonc local, puis en rotin, roseau importé d'Extrême-Orient.

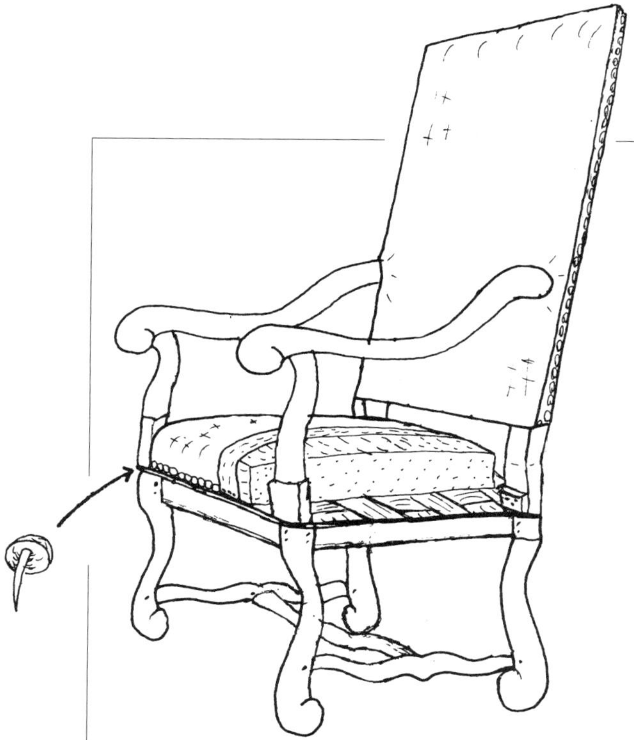

Fauteuil Louis XIII au piètement en os de mouton. Finition clouée (pour un siège ancien, on doit récupérer les clous dorés d'origine). La garniture est fixée sur le haut des traverses de l'assise. Elle est composée de sangles et de crin, sans ressorts, comme d'usage jusqu'à la fin du XVIIIe siècle.

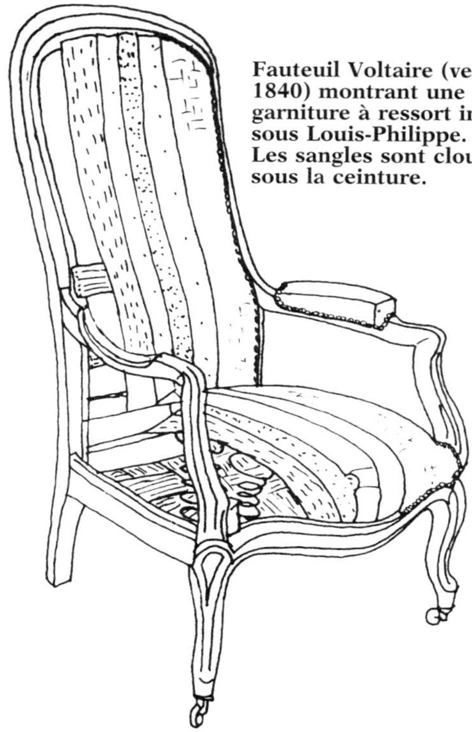

Fauteuil Voltaire (vers 1840) montrant une garniture à ressort inventée sous Louis-Philippe. Les sangles sont clouées sous la ceinture.

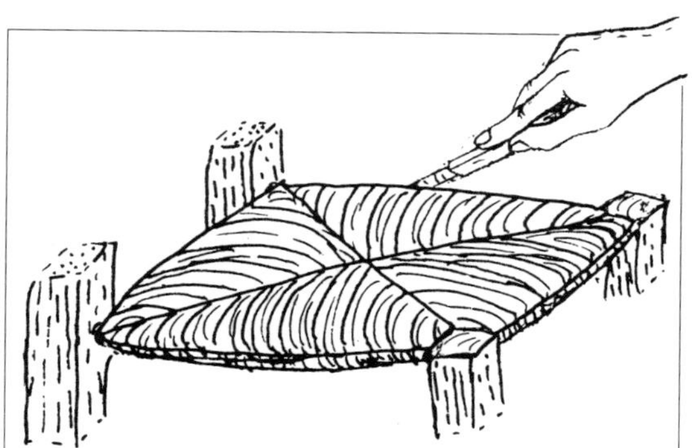

Pour dépailler une chaise, trancher la paille au cutter, tout autour, puis appuyer fortement au milieu pour l'enfoncer et la dégager des traverses. Il est impossible de conserver la paille.

Siège paillé ou canné. Trancher ce revêtement avec un cutter. Le siège sera recouvert à neuf après avoir été recollé.

Siège garni. Si l'assise est garnie de tissu, d'une tapisserie ou de cuir : la faire dégarnir par un tapissier qui les remontera tels quels après recollage du siège s'ils sont en bon état, ou après restauration si on y tient (tapisserie brodée à la main par exemple). La mousse synthétique est à bannir pour la garniture des sièges anciens. Elle convient à la rigueur pour les sièges récents.

Il est fréquent qu'un siège que l'on fait dégarnir pour en remplacer la garniture se révèle décollé, une fois libéré de la tension des sangles. Il faut d'abord le recoller avant de le recouvrir à nouveau. Un tapissier, ou un pailleur-canneur, qui garnirait un siège décollé sans en avertir son client commettrait une faute professionnelle.

Si on veut dégarnir soi-même un siège, il ne faut surtout pas arracher les semences de tapissier avec des tenailles. Il est plus facile d'utiliser un ciseau à bois usagé, qui ne servira désormais qu'à cette fonction. Placer l'extrémité du ciseau devant la tête de la semence. Frapper avec un maillet sur le manche du ciseau : le clou s'éjecte.

Les tapissiers utilisent maintenant souvent des agrafeuses à air comprimé. Ces profondes agrafes éclatent moins le bois que les semences, leur emploi sur des sièges contemporains n'est pas critiquable. Mais elles sont très difficiles à extraire ! Il faut les soulever avec un tournevis, puis les arracher.

Le dossier

Un dossier subit moins d'effort que l'assise et se décolle moins souvent. S'il est recouvert, laisser sa garniture intacte, car il ne sera pas utile de le démonter. Mais si le dossier est décollé, tous les bois de la carcasse doivent être mis à nu.

Les colles

Les temps de prise, laps de temps pendant lesquels on peut manipuler un siège encollé, et les temps de serrage varient en fonction de la nervosité des pièces à assembler. Si les bois tordus tirent sur la colle, il faut serrer longtemps. Mais s'ils se rapprochent sans difficulté, le serrage peut être plus rapide. La température ambiante joue beaucoup. Nous indiquons donc des temps moyens. Dans le doute, ne pas hésiter à serrer plus longtemps.

La colle chaude animale traditionnelle (os et nerf)

Utilisations. Un meuble ancien doit être restauré avec les matériaux et les produits utilisés lors de sa fabrication. Cette règle de base suffirait à dicter l'emploi de la colle

Dégarnissage d'un fauteuil Louis-Philippe, de forme approchant le style Louis XV, en acajou de Cuba. Pieds avant à roulettes. La position est celle de tous les tapissiers : assis sur un tabouret, le siège posé par terre et coincé entre les jambes. On utilise un ciseau à bois sacrifié pour cet usage.

Pot de colle traditionnel en cuivre.

Choisissez bien votre colle

Si la colle blanche à bois convient à la rigueur aux sièges contemporains, la colle chaude traditionnelle s'impose pour les assemblages d'un meuble ancien que l'on souhaite respecter. Comme elle est réversible à l'alcool et à la chaleur, les générations futures pourront la ramollir sans altérer les bois afin de procéder à d'éventuelles restaurations.

Si vous ne trouviez pas certaines colles traditionnelles près de chez vous, achetez-les par correspondance dans les drogueries spécialisées dans l'ameublement dont vous trouverez les coordonnées dans les pages jaunes de l'annuaire ou sur le Minitel. Beaucoup se trouvent à Paris.

d'os et de nerf pour les assemblages des sièges. La colle chaude est indiquée aussi pour les placages de bois précieux (voir sièges plaqués, page 110).

Par contre, éviter de l'employer pour un collage bois sur bois, à plat, qui doit être très solide. En effet, sa fiabilité dans le temps est aléatoire si elle subit d'importants efforts.

Avantages. La colle chaude animale est la seule colle réversible : en chauffant les assemblages ou en y faisant couler de l'alcool, les générations futures pourront la ramollir et redémonter le siège pour le réparer.

Relativement épaisse, elle remplit bien les assemblages qui présentent du jeu. Comme elle se fige rapidement, elle ne coule pas, et les assemblages enduits ne se vident pas de leur colle. Sèche, elle durcit en restant imperceptiblement souple, ce qui bloque les tenons en autorisant un léger travail des bois (dans une atmosphère d'humidité normale, car s'il fait trop sec elle se cristallise). Elle fait des joints marron.

Enfin elle adhère assez bien sur de la colle chaude ancienne agrippée au bois, si on la redilue superficiellement. Cette particularité permet de gratter très succinctement (ou pas du tout pour ne pas leur donner du jeu), les assemblages avant de les recoller.

Inconvénients. Cette colle a besoin de chaleur : on ne peut l'utiliser que dans un local où il fait au moins 16°C. En outre il faut tiédir tenons et mortaises (sur un réchaud, un radiateur ou au soleil) un bon quart d'heure avant le collage afin que la masse du bois soit à bonne température. Pour éviter ce préchauffage, on peut encoller, assembler le siège et le serrer très rapidement. Cela demande de l'expérience, ou l'aide d'une deuxième personne.

Préparation. La colle animale se présente en un mélange de deux tiers de perles (os), pour un tiers de poudre (nerf).

Faubourg Saint-Antoine à Paris, on trouve encore de très beaux pots de colle au bain-marie en cuivre. Mais un récipient placé dans une casserole d'eau fait aussi bien l'affaire. Verser le mélange perles/poudre dans le pot, remplir d'eau un peu au-dessus du niveau de la colle. Chauffer sur un réchaud au moins vingt-quatre heures. Si exceptionnellement une écume d'impuretés se forme à la surface, la retirer. La colle est alors prête à l'emploi. Pour la fluidifier, rajouter de l'eau. Pour l'épaissir, attendre simplement que l'eau s'évapore.

La colle doit rester chaude pendant toute la durée de son utilisation. Ensuite, elle peut être refroidie (elle se solidifie), puis réchauffée de nombreuses fois, dans la limite de quelques mois.

Temps de prise : quelques minutes.

Temps de serrage : quelques heures pour les assemblages, une demi-journée minimum pour les placages de marqueterie.

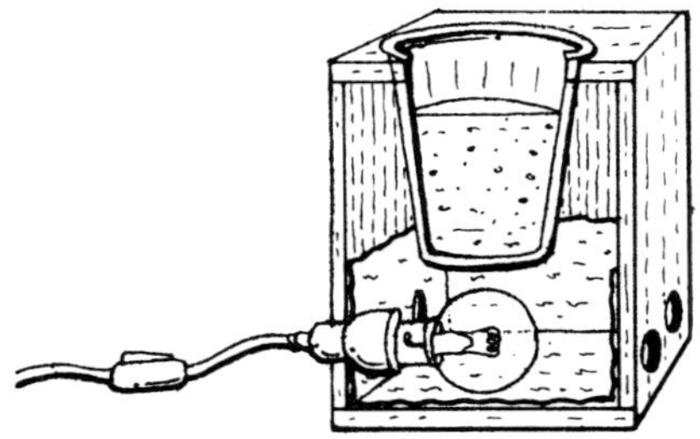

Réchaud à ampoule fabriqué avec quelques chutes de contre-plaqué, un pot en verre et une douille électrique. Monter une ampoule de 25 à 60 watts selon la taille du réchaud. La colle ne doit pas bouillir.

La colle de poisson

Caractéristiques. À base de résidus de poissons, cette colle est vendue liquide, prête à l'emploi, et s'utilise à froid. Son pouvoir adhésif est supérieur à celui de la colle chaude, mais elle n'est pas réversible. Même après avoir séché, elle garde une certaine souplesse.

Utilisations. Sa souplesse la rend très utile en *marqueterie* pour coller les métaux (laiton ou cuivre) dont elle tolère le léger retrait dû aux variations de température.

Les *sièges à barreaux* sont difficiles à coller à chaud, car l'emboîtage des barreaux est très long. La colle des poisson est alors tout indiquée. Gratter succinctement les barreaux (souvent on les recolle même sans les toucher, car la colle de poisson prend bien sur de la colle chaude ancienne). Pour épaissir la colle si un barreau flotte dans son trou, lui ajouter de la sciure très fine, tamisée avec une passoire ou récupérée dans le sac d'aspiration d'une ponceuse portative.

Employée telle quelle, cette colle convient parfaitement pour les collages de *bois plat sur bois plat*, supportant des gros efforts. Mais on ne doit pas s'en servir pour recoller les tenons et les mortaises des sièges car, relativement liquide, elle s'écoule des assemblages médiocrement ajustés qui sont fréquents : avec le temps et le travail des bois, les tenons prennent du jeu.

Préparation au formol. Le formol accélère le séchage et rend la colle de poisson imputrescible. Diluer du formol à raison d'une part pour cinq parts d'eau. Mouiller les bois à recoller en passant cette solution au pinceau. Dès que le bois est sec, employer normalement la colle de poisson.

Temps de prise : un quart d'heure maximum.

Temps de serrage : quelques heures pour les assemblages, au moins douze heures pour un collage à plat. Sans formol, multiplier ces temps au moins par deux.

La colle blanche à bois vinylique

La colle vinylique doit être employée uniquement pour des sièges récents, et dans des conditions précises si l'on ne veut pas qu'ils se redécollent rapidement.

Rayer avec une râpe les tenons et les mortaises de façon à créer des aspérités dans l'ancienne colle (mais en veillant à ne pas diminuer le bois avec la râpe).

Si les assemblages présentent du jeu, épaissir légèrement la colle avec un peu de sciure très fine. En effet, employée telle quelle, elle est trop liquide et coule hors de la mortaise. Et même si elle y est retenue prisonnière, la colle, trop souple, ne bloque pas suffisamment l'assemblage.

Par contre, elle est très fiable pour tous les collages à plat, bien ajustés, supportant des efforts sérieux. C'est la seule colle dont le joint est pratiquement invisible : on l'emploiera donc aux endroits les plus en vue d'un siège.

Enfin la colle vinylique est utilisée également pour encoller et mastiquer (additionnée de sciure) les feuillures de tapisserie percées par les semences.

Remarque

Les sièges récents fabriqués en série, même correctement construits, se décollent souvent rapidement, faute d'une quantité suffisante de colle dans les assemblages. Essuyer la colle qui déborde des mortaises juste après avoir serré le siège, ou la gratter quand elle est sèche représente une opération supplémentaire dont les fabricants se dispensent hélas, en badigeonnant parcimonieusement les tenons de colle...

La fabrication artisanale d'un siège, pièce par pièce, à la main, demande beaucoup de temps. L'artisan menuisier en sièges a quasiment disparu, car cette activité n'est plus rentable.

Colle à deux composants (type Araldite ou uré-formol)

Ces colles sont excellentes, mais irréversibles. Il est indispensable de gratter les assemblages pour qu'elles adhèrent correctement. On peut les employer éventuellement dans le cas de petites cassures présentant peu de surface de collage et difficiles à serrer.

Colle Néoprène ou colle contact

Ces colles sont à proscrire pour les recollages d'assemblages, car elles restent excessivement souples. Le siège remuera. Elles peuvent à la rigueur être employées pour recoller des feuilles de placage.

Colle forte (type Superglu)

Elle peut être précieuse pour recoller un petit éclat en dix secondes, ce qui est appréciable lorsqu'on sculpte un raccord de moulure par exemple. De plus, elle se contente d'un maintien des deux surfaces l'une contre l'autre par simple pression des doigts. Cela évite un serrage délicat avec des serre-joints.

Recollage d'une chaise par ailleurs en bon état

Chaises à traverses

Repérage. Il sera utile pour ne pas se tromper au remontage. Tracer une croix sur l'avant des traverses latérales, et à l'intérieur des pieds avant. Si le dossier est décollé et que ses traverses se ressemblent, les numéroter par dessous : I, II, III...

Démontage. Les traverses se terminent par des tenons s'emboîtant dans les mortaises des montants. Démonter une chaise consiste à retirer les tenons des mortaises, de façon à la mettre en pièces détachées. Écarter d'abord la face, puis séparer du dossier les traverses de côté. Enfin disloquer la face, puis le dossier s'il est décollé.

Démonter un assemblage en donnant des petits coups de marteau à l'intérieur du montant, au-dessus et au-dessous de la traverse. Pour ne pas abîmer le bois, le protéger avec une cale, au besoin maintenue avec du ruban adhésif. On peut aussi utiliser un maillet en caoutchouc. Taper d'un coup sec pour décoincer le tenon, mais sans violence pour ne pas le casser. Atténuer les vibrations en tenant la chaise une main très près du point d'impact du marteau.

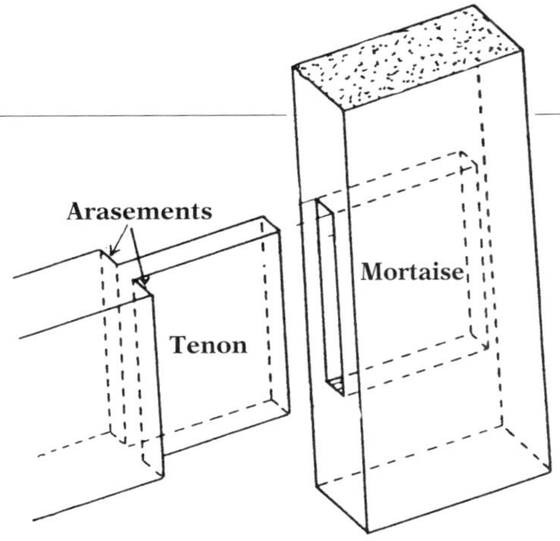

croquis 13

Tenon et mortaise forment le principal assemblage employé pour la construction du mobilier depuis l'Antiquité.

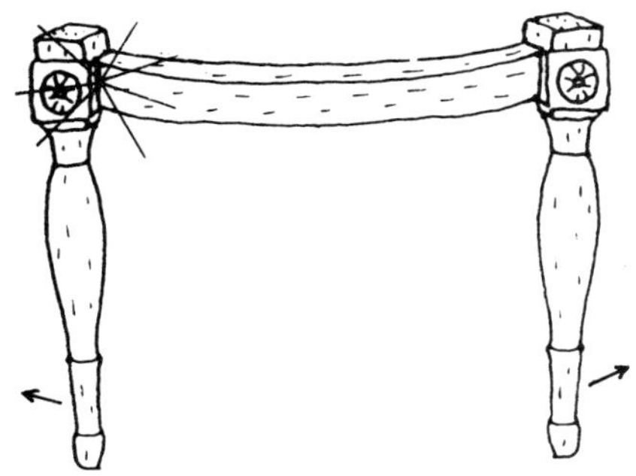

Pour voir si un assemblage est décollé, écarter les pieds. Si une jointure s'ouvre, même imperceptiblement, le tenon a besoin d'être recollé.

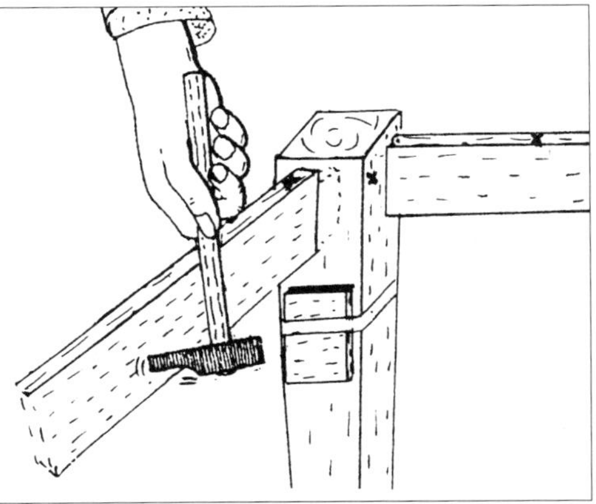

Pour ne pas abîmer le bois, le protéger avec une cale, au besoin maintenue avec du ruban adhésif.

DÉMONTAGE D'UNE CHAISE

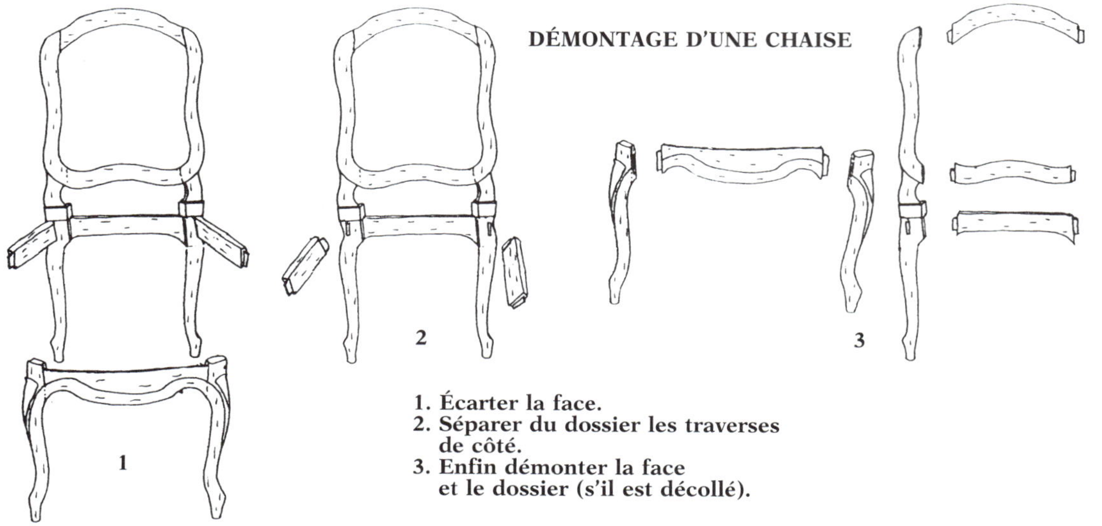

1. **Écarter la face.**
2. **Séparer du dossier les traverses de côté.**
3. **Enfin démonter la face et le dossier (s'il est décollé).**

Démontage de la face d'un siège.
La traverse fixée dans un étau, faire jouer le tenon dans sa mortaise en remuant le pied. Pour rester dans l'axe des tenons et ne pas les casser, écarter légèrement le pied gauche, puis le droit, à nouveau le gauche, etc.

On peut aussi placer la chaise sur un établi, en soulevant l'assemblage à démonter seulement de quelques millimètres. Lorsqu'on frappe, la chaise s'amortit sur le bois de l'établi. Il peut être recouvert d'un carré de moquette ou d'une couverture.

On peut encore serrer la traverse dans un étau : le coup de marteau sur le montant sera plus efficace. Dans ce cas, tenir tout de même la chaise d'une main afin de maîtriser les vibrations qui se propageraient autrement dans toute la carcasse et pourraient casser la chaise à un endroit fragile, même loin du point d'impact.

Attention

Il ne faut surtout pas taper sur une chaise en acajou de Cuba, bois particulièrement fragile qui casse comme du verre.

Lorsque le tenon est un peu écarté, remuer la traverse tout en tirant. Le léger mouvement du tenon dans la mortaise émiette la colle qui s'est cristallisée en se desséchant au cours des années.

Préparation du collage. Avec une râpe ou un fer de rabot à dents, rayer l'ancienne colle en grattant les tenons, très légèrement pour ne pas les amincir. Les mortaises sont moins accessibles : on les racle avec un ciseau à bois ou une fine râpe, sans les élargir.

Ce nettoyage doit être particulièrement minutieux si la chaise avait été collée avec une colle synthétique, ou si on veut la recoller à la colle blanche. Par contre, la colle chaude accroche bien sur la colle chaude ancienne ; et dans ce cas, le rayage peut être succinct, ou même supprimé.

On peut aussi nettoyer cette colle avec de l'eau chaude épaissie avec de la farine (mais cela prend beaucoup de temps), ou la brûler avec un décapeur thermique (pistolet à air chaud) avant de la gratter.

Essayer chaque tenon dans sa mortaise : si l'un d'eux a trop de jeu, le doubler en collant un fin placage de bois. Quand la colle est sèche, l'ajuster au ciseau à bois ou à la râpe pour qu'il entre en forçant dans la mortaise. Lors du collage, la colle jouant le rôle de lubrifiant, le tenon pénétrera plus facilement.

Le tenon doit être serré également dans le sens de la hauteur. S'il flotte, préparer des petits bouts de bois de même épaisseur pour le caler. Prendre garde à ce que les dessins de la traverse et du montant se raccordent bien (le tenon doit se trouver à la bonne hauteur).

Ces calages du tenon permettent de rectifier un décalage éventuel entre la traverse et le pied. Si l'on ne s'en préoccupe pas tout de suite, il faudra reprendre les moulures à la gouge une fois le siège recollé. Le mouvement des lignes sera alors moins harmonieux.

Serrage à blanc (facultatif). Monter et serrer une chaise sans la coller permet de préparer cales et serre-joints à l'avance. Cela permet de se mettre tout le processus de montage en tête et évite de courir à la recherche d'un accessoire au moment où la colle sèche inéluctablement... Pour que les serre-joints ne meurtrissent pas les mon-

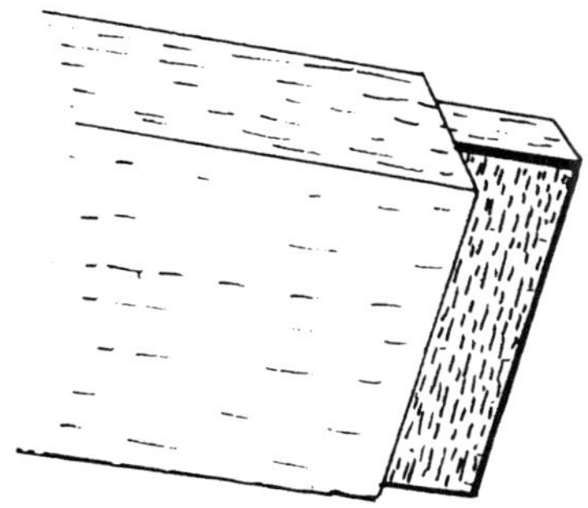

Placage collé sur le côté d'un tenon pour l'épaissir.

Comment reconnaître l'ancienne colle utilisée ?

En vieillissant, la colle chaude devient marron sombre et se dessèche jusqu'à s'émietter en cristaux. Les autres colles sont plus claires, blanchâtres ou verdâtres, et extrêmement dures, ou au contraire caoutchouteuses et d'aspect plastifié.

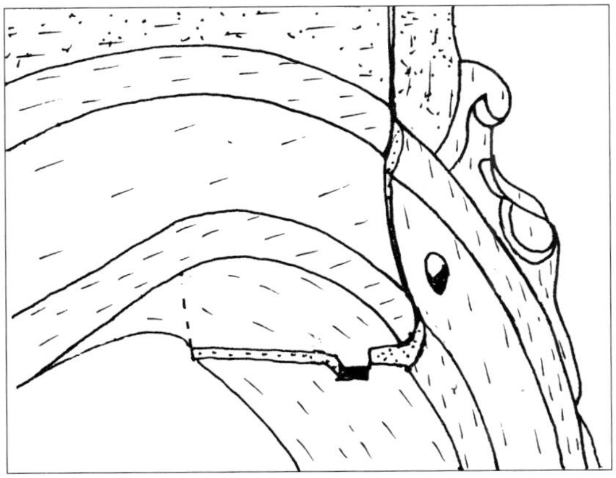

Désaffleur. Cette traverse est décalée vers l'intérieur du pied, et elle est trop haute. Caler la joue intérieure du tenon en y collant un placage, et glisser une petite cale en haut de la mortaise.

tants, les protéger par des petites cales fines en contre-plaqué ou mieux, en Isorel de 3 ou 4 mm d'épaisseur (souple, l'Isorel dérape moins sur le bois). Si le siège n'est pas verni, il est possible d'utiliser comme cales du papier de verre replié sur lui-même, ou de coller du papier abrasif sur les cales en bois.

Si vous travaillez à deux, tenez chacun une extrémité du serre-joint et une cale. Si vous êtes seul, vous pouvez fixer avec du ruban adhésif une cale sur le montant à l'endroit où le bout fixe du serre-joint viendra s'appliquer, ou coller (Néoprène) une petite cale sur cette extrémité (poncez d'abord le métal pour que la colle adhère).

Collage. Encoller les tenons et les mortaises, puis serrer.

Coller d'abord le dossier et la face d'une chaise. Le lendemain, lorsque la colle est bien sèche, coller les traverses de côté.

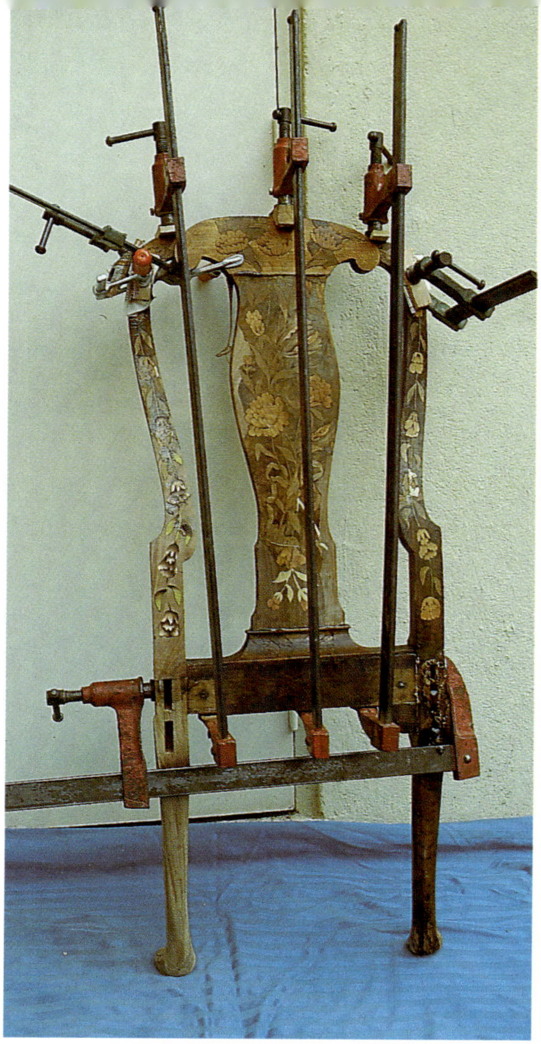

Recollage du dossier d'une chaise marquetée. Le pied droit a été restauré.

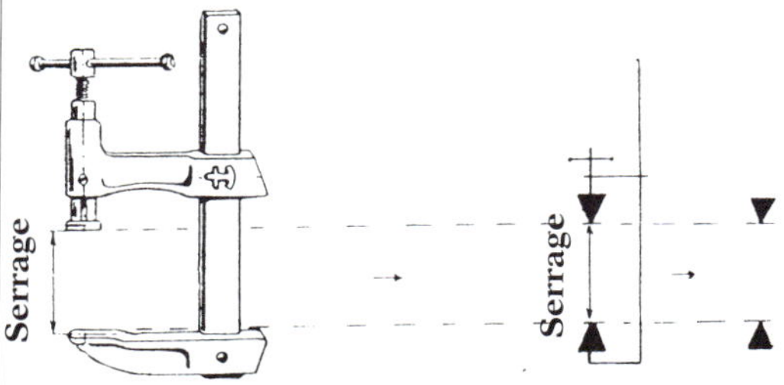

Pour simplifier les croquis, un serre-joint sera quelquefois représenté par deux triangles qui s'opposent. Pour la même raison, les cales de serrage ne seront pas toujours dessinées.

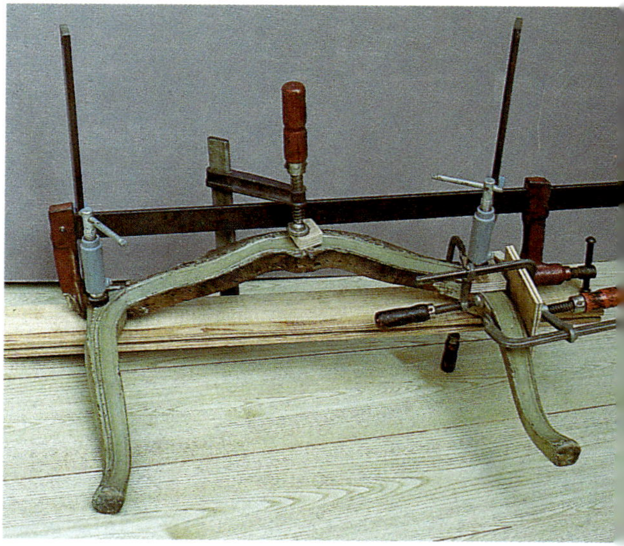

On recolle cette face abîmée en la serrant sur une planche pour que les pieds avant ne soient pas tordus.

Recollage des traverses de côté d'une chaise Charles X en placage de loupe d'orme et amarante. Le châssis amovible, ou galette, est posé sur la table de serrage. Sur une telle chaise, il est nécessaire d'essuyer aussitôt à l'éponge la colle en surplus.

Recollage d'une chaise Louis XV

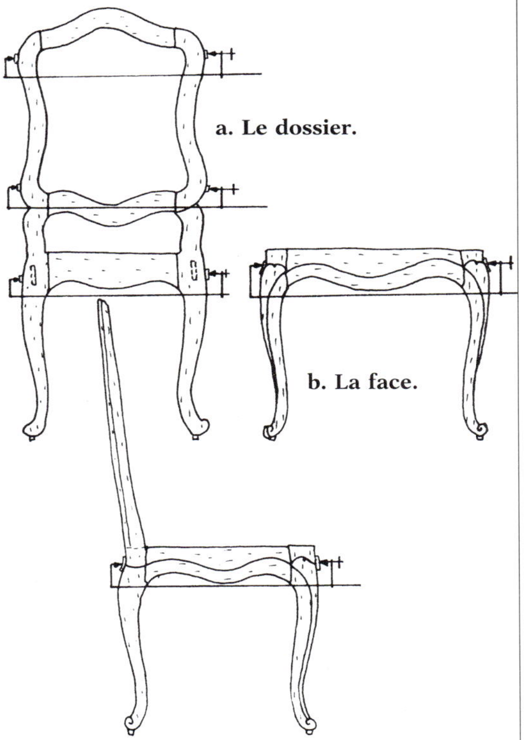

a. Le dossier.

b. La face.

c. Les deux traverses de côté.

Table de serrage

Travailler autant que possible à une hauteur qui facilite les manipulations. Si l'établi est suffisamment large, recoller les sièges dessus. S'il est trop étroit, choisir une table à la bonne hauteur et en ceinturer le plateau avec un tasseau cloué qui empêchera le siège de tomber pendant le serrage. En aucun cas, on ne recolle un siège posé par terre.

Les pieds avant sont toujours alignés selon une droite (face vue de dessous).

Colle chaude

Si l'on emploie de la colle chaude, il est préférable de tiédir les tenons en les posant au préalable sur un réchaud électrique, un radiateur ou en les exposant au soleil. Toutefois, si le serrage est préparé à l'avance et que l'on travaille rapidement dans une pièce au moins à 20°C, ce n'est pas indispensable. En général, je ne tiédis que les tenons qui paraissent faibles ou qui sont essentiels, comme le haut des bras des fauteuils.

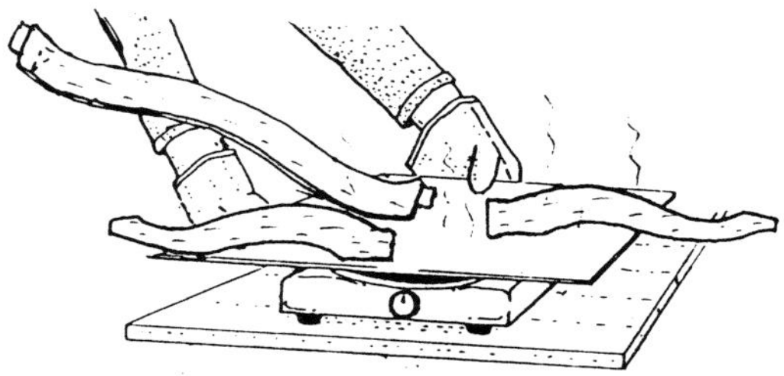

Préchauffage avant collage des éléments de la face d'un siège Louis XV.

Si les assemblages ont du jeu, la colle peut être épaissie avec très peu de sciure fine. Si on se sert de colle chaude et que le tenon flotte vraiment beaucoup, frotter rapidement le pinceau chargé de colle dans de la sciure et badigeonner les assemblages. Cette méthode évite de préparer à l'avance le mélange de colle et de sciure qu'il faut maintenir au chaud au bain-marie.

Avant d'assembler les traverses de côté, vérifier que la colle n'est pas remontée dans leurs mortaises pendant le serrage de la face et du dossier. Si c'est le cas, gratter ces mortaises avec un ciseau à bois.

Si une erreur a été commise, on peut redémonter aussitôt la chaise et plonger les tenons dans de l'eau chaude. Nettoyer les mortaises avec un pinceau imbibé d'eau chaude.

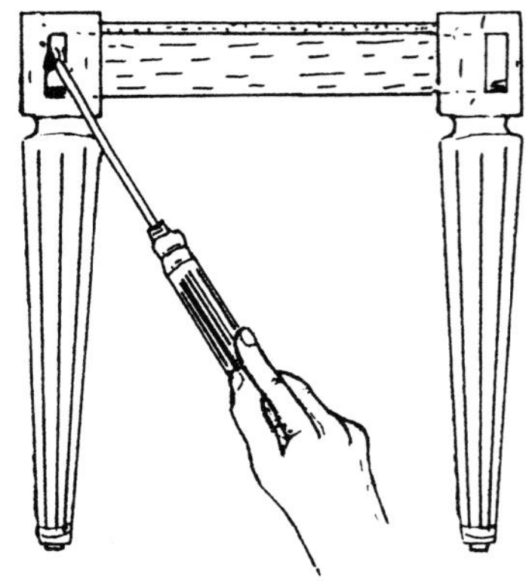

Pieds tournés et cannelés. Avant le collage des traverses de côté, gratter la colle qui a débordé dans les mortaises. (Souvent, les mortaises des traverses de côté et de face communiquent dans le pied).

Le rond noir indique où il faut placer l'extrémité du serre-joint : en haut du dé de raccordement. (La cale de serrage qui protège le bois n'est pas dessinée.)

Équerrage. En principe si les serre-joints sont bien en face des mortaises, les tenons prennent leur place en donnant aux traverses une bonne orientation. Pourtant, il arrive que la chaise parte légèrement de guingois.

Pour la face, vérifier l'équerrage des pieds avec une grande équerre, ou mesurer les diagonales : elles doivent être égales (à condition que les deux pieds aient exactement la même longueur et ne soient pas tordus). Pour rectifier leur inclinaison, déplacer le serre-joint.

Faire de même pour vérifier le dossier.

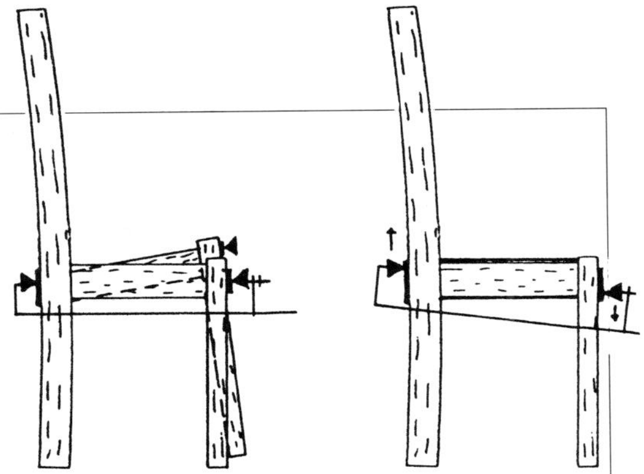

Vérification du gauche de l'assise. Vues de loin, les deux traverses doivent se superposer.

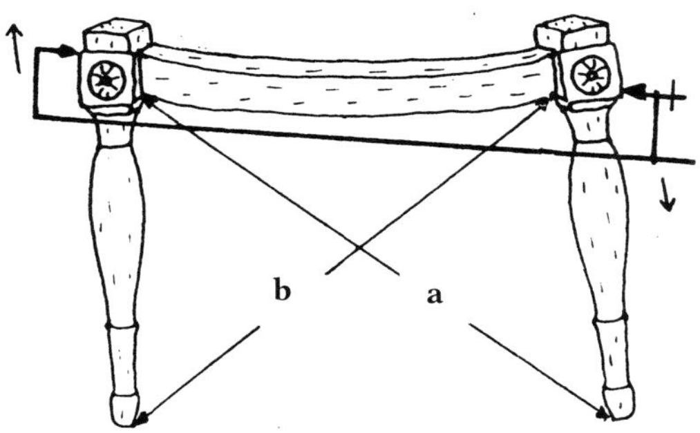

Pieds Directoire tournés en balustre. Vérification de l'équerrage. Les pieds doivent avoir des hauteurs égales. Mesurer les diagonales a et b : elles doivent être identiques. Sinon, placer le serre-joint légèrement en biais pour rectifier.

Pour les traverses latérales, vérifier que la chaise n'est pas gauchie en regardant de loin les deux traverses, les yeux à leur hauteur : elles doivent se superposer. Sinon, modifier la hauteur des serre-joints.

Contrôler l'équerrage de l'assise en mesurant ses diagonales. Avec l'habitude, un restaurateur de meubles se passe de ces mesures. Un simple coup d'oeil lui suffit pour juger si une carcasse est d'aplomb.

Si le siège comporte un châssis amovible, l'essayer pour s'assurer qu'il s'adapte.

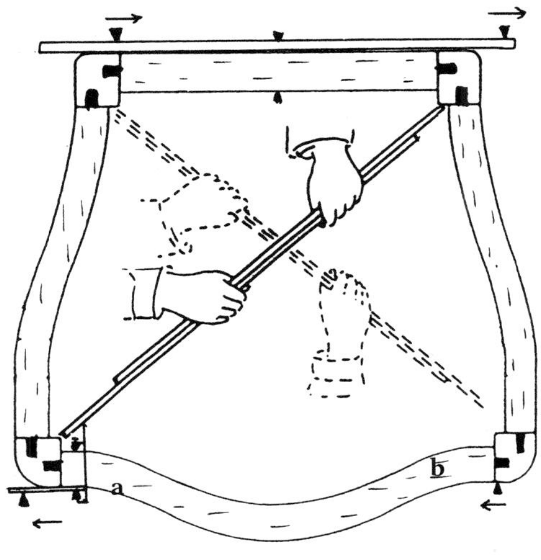

Mesure des diagonales de l'assise avec deux baguettes (on peut aussi utiliser un mètre de menuisier). Si la distance a est supérieure à b, déplacer les serre-joints sur le côté, dans le sens des flèches, pour rectifier l'équerrage.

Cette chaise Louis XV à la reine possède une traverse avant en arbalète, des traverses de côté courbes et une traverse arrière droite.

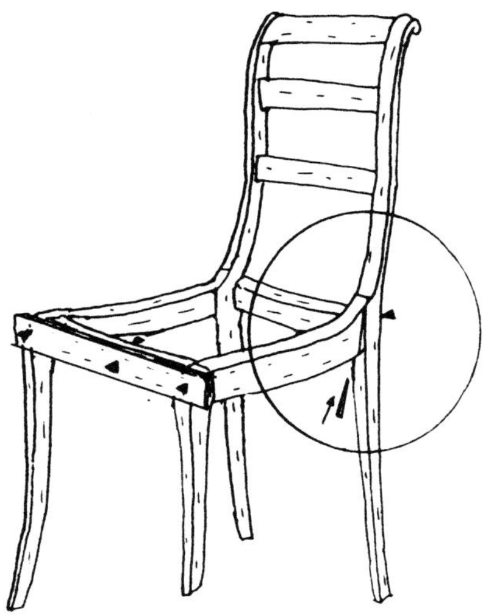

Calage de l'arasement arrière de la traverse du côté avec un flippo (fine cale en V). Les pieds avant de cette chaise étant arrondis, une planche est fixée sur la traverse avant pour recevoir les serre-joints.

Si le serre-joint glisse et se desserre, frotter sa barre métallique avec du papier de verre à gros grain ou une lime. Manipuler les serre-joints par leurs extrémités pour ne pas graisser leurs barres avec les mains. Mais si au dernier moment au cours d'un collage, un serre-joint glisse, on peut le bloquer rapidement avec un petit serre-joint.

Si l'arasement d'une traverse ne s'applique pas exactement contre un montant, façonner une fine cale de bois en V (un flippo) et la coller dans le joint au moment du serrage. Sans cette précaution, la chaise se décollerait rapidement. Le flippo peut être préparé lors de l'assemblage à blanc.

Coller une entretoise (fine traverse basse entre les pieds) en même temps que les traverses de côté.

Pour le serrage des chaises à traverses ou à montants cintrés, voir « Serrages particuliers », page 45.

Chaises assemblées à tourillons

Ces chaises se décollent fréquemment : leur surface de collage est faible, et les tourillons sont plus souples que des tenons.

Préparation. Pour démonter la chaise, taper sur le montant en restant bien dans l'axe de la traverse, sans faire de mouvement de va-et-vient, car cela tordrait les tourillons qui casseraient. Avec une râpe ou une lame de rabot à dents, les gratter légèrement, sans les amincir. Râper leurs extrémités pour être certain qu'ils s'enfonceront jusqu'au bout dans leurs trous.

Recollage. Recoller la chaise de la même façon qu'une chaise à tenons. Pour ces assemblages à tourillons, la colle de poisson est excellente. La colle blanche vinylique convient aussi, à condition de serrer sérieusement : ne pas se contenter de ceinturer l'assise avec de la ficelle...

On peut aussi employer de la colle chaude, à condition qu'elle soit fluide, que les assemblages soient tiédis au préalable, et que le recollage se fasse très rapidement, avec l'aide d'une deuxième personne.

Remplacement d'un tourillon cassé. Scier l'ancien tourillon au ras du bois et le percer avec une mèche plus fine que lui. Retirer le reste avec un fin ciseau à bois et une petite pince longue et effilée.

Les tourillons neufs doivent être irréprochables : les trier soigneusement et éliminer ceux dont le fil du bois n'est pas absolument

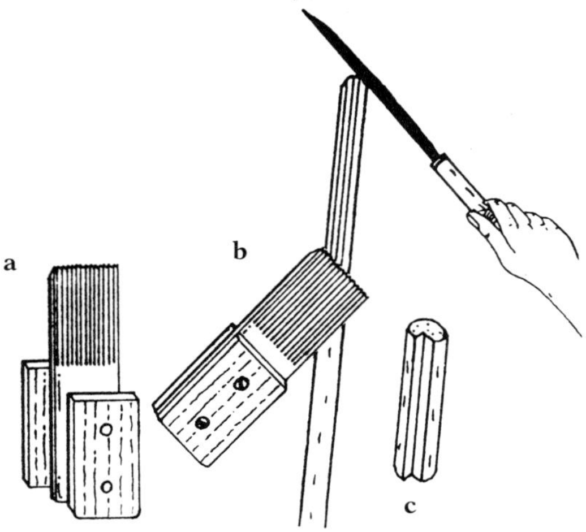

a. Lame de rabot à dents utile pour gratter la colle des assemblages, rayer les surfaces à encoller ou les tourillons. Confectionner une poignée en vissant deux plaquette de bois sur le fer afin de ne pas se blesser la main, ou simplement l'entourer de ruban adhésif.

b. Pour préparer un tourillon, le rayer et lui donner de l'entrée à la râpe.

c. On peut aussi pratiquer une petite gorge qui évacuera l'air et le surplus de colle.

droit. Avec un rabot à dents ou une râpe, les rayer s'ils ne comportent pas de stries. Leur donner un peu d'entrée (c'est-à-dire en affiner l'extrémité) avec la râpe.

Repercer l'emplacement du tourillon cassé avec une mèche de même longueur, ou légèrement supérieure selon le tourillon neuf dont on dispose. Pour percer juste à la bonne profondeur, faire d'abord un trou dans un morceau de bois de manière à ne faire dépasser que la longueur de mèche voulue. On peut aussi entourer simplement la mèche d'un ruban adhésif qui servira de repère.

Coller le tourillon neuf dans son trou. La colle blanche suffit, la colle chaude serait inutile car le tourillon est exactement à la dimension du trou. Enfoncer le tourillon au marteau juste après l'avoir enduit de colle. Si on attend, le bois gonfle et le tourillon pénètre difficilement dans son logement.

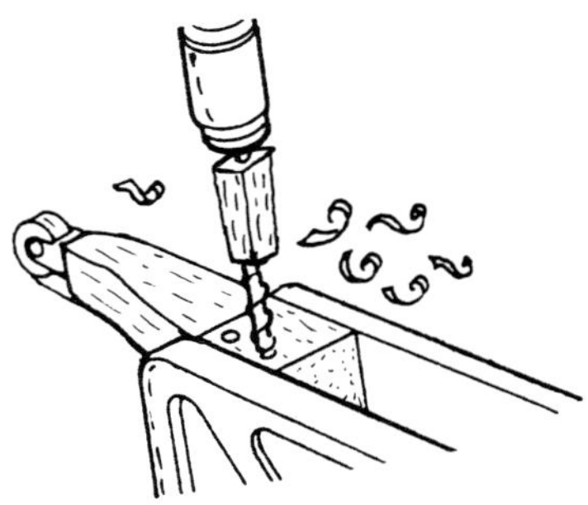

Repercer l'emplacement du tourilllon cassé en faisant dépasser d'un morceau de bois la longueur de mèche nécessaire.

Chaises à barreaux

Repérage. Avec un feutre indélébile, numéroter le dessous des barreaux : I, II, III, IV... Noter une croix sur l'avant des traverses latérales et sur le milieu des traverses avant et arrière.

Démontage. Suivre le même ordre que pour une chaise à traverses : écarter la face, retirer du dossier les traverses et les barreaux de côté. Disloquer la face et le dossier.

Si un barreau se libère à une extrémité seulement, ne pas insister. Laisser l'autre côté solidaire du montant. Ne jamais essayer de remuer un barreau ou de le faire tourner dans son trou, il casserait. Taper droit d'un coup très sec, il est rare qu'il ne vienne pas. Au besoin, serrer le barreau dans un étau avant de frapper sur le montant.

Recollage. Gratter les bouts des barreaux uniquement si on emploie une colle synthétique. Les essayer : si l'un d'eux flotte dans son logement, le repérer d'une croix. Coller la chaise dans le même ordre qu'une chaise à traverses (page 30).

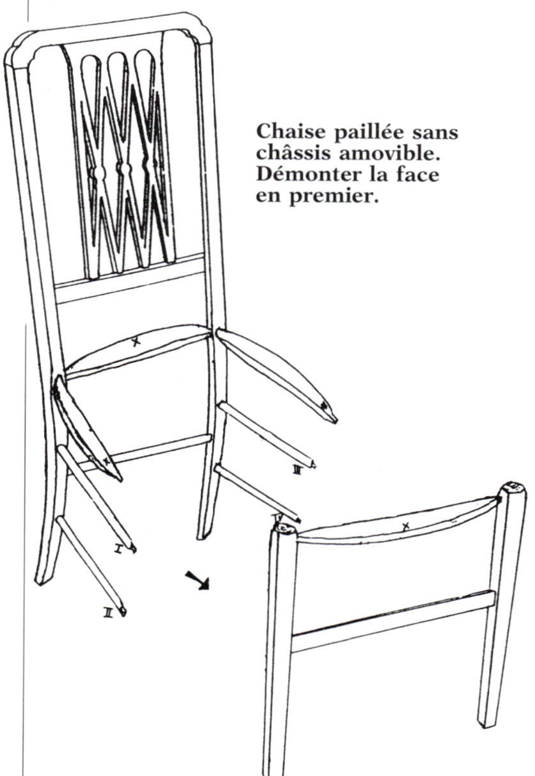

Chaise paillée sans châssis amovible. Démonter la face en premier.

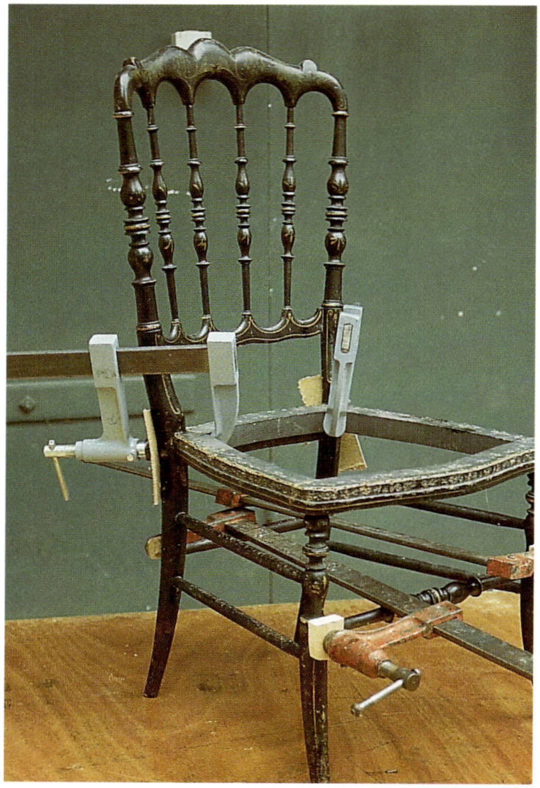

**Chaise Napoléon III laquée en noir et doré.
Position des serre-joints sur l'arrière d'un châssis assemblé à tenons dans le dossier. On aperçoit la cale d'Isorel collée sur l'extrémité fixe du serre-joint rouge.**

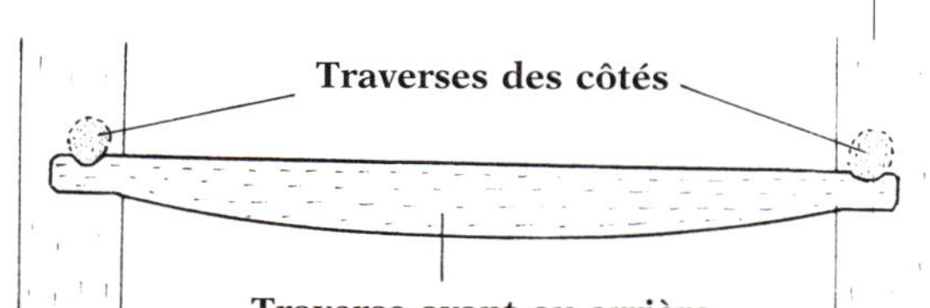

Traverse d'un siège paillé. À chaque extrémité, une encoche permet aux traverses des côtés de s'engager dans le montant. On ne peut donc démonter cette traverse qu'après avoir retiré celles des côtés.

Faut-il essuyer ou gratter la colle qui déborde ?

Les avis sont partagés. Certains ateliers ne jurent que par l'éponge et l'eau chaude et ont en permanence à portée de main une casserole d'eau sur un réchaud pour essuyer la colle débordant du moindre collage.

D'autres ateliers préfèrent gratter la colle séchée au ciseau à bois, car l'eau délave la patine des meubles et dénature la couleur des croûtes intérieures.

Conseillons donc les deux méthodes. Éponger les surplus de colle sur les joints très visibles, comme le haut d'un dossier en acajou ou la séparation d'un bras en volute. Nettoyer également à l'éponge les bois décapés (car la colle les pénètre), vernis ou peints (car le grattage peut les écailler). Les sièges à barreaux sont plus faciles à éponger au fur et à mesure du travail qu'à gratter après coup.

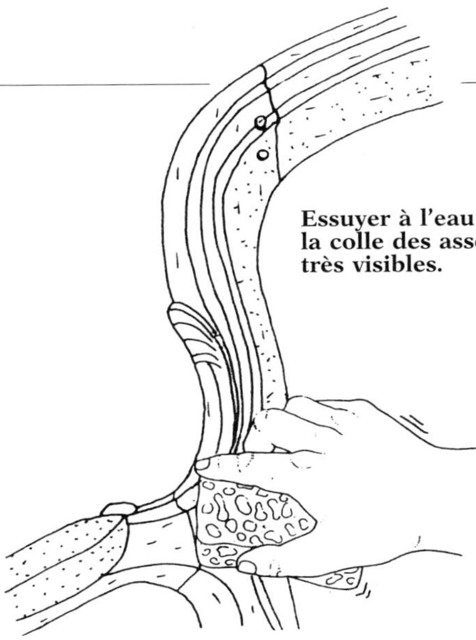

Essuyer à l'eau chaude la colle des assemblages très visibles.

Mais les serre-joints gênent l'épongeage et peuvent se déplacer ou tomber si on les bouscule. Il est souvent plus pratique de gratter la colle le lendemain. Les sièges en bois ciré en particulier n'ont pas besoin d'être nettoyés immédiatement car la colle n'y adhère pas.

Si un barreau a beaucoup de jeu, envelopper son extrémité avec un fin tissu que l'on arasera au cutter quand la colle sera sèche. S'il y a juste un peu de jeu, épaissir la colle avec de la fine sciure.

Tout de suite après avoir collé la face et le dossier, se servir d'un pinceau mouillé pour retirer la colle qui est remontée dans les trous destinés aux traverses des côtés.

La colle de poisson, qui s'emploie à froid, donne plus de temps que la colle chaude pour monter ce type de siège. Elle est donc préférable. Mais on peut aussi employer de la colle chaude pour les traverses de l'assise qui présentent souvent du jeu, et de la colle blanche pour les barreaux qui sont la plupart du temps bien ajustés, enfoncés en force.

Chaises paillées

Les cache-paille sont les étroites lattes qui ceinturent la paille de certaines chaises.

Elles sont engagées dans des petites rainures pratiquées dans les montants, mais souvent cela ne suffit pas à les maintenir et le pailleur les a clouées aux traverses.

Démontage du cache-paille. Engager un ciseau à bois entre la traverse et le cache-paille, l'écarter et relâcher. Si le clou sort de quelques millimètres, l'arracher. Mais s'il est grippé dans la traverse, ne pas forcer, sinon le cache-paille se fendrait. Couper le clou avec une scie à métaux à lame libre (ou avec une simple lame entourée d'un chiffon pour protéger la main).

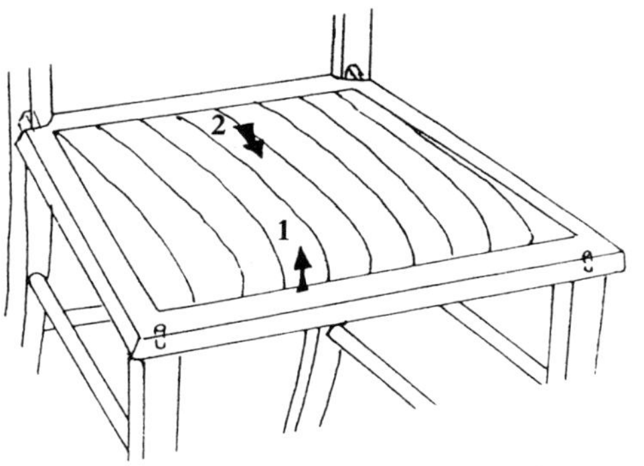

Démontage d'un châssis : soulever l'avant pour dégager les tourillons (1), puis sortir les tenons arrière (2).

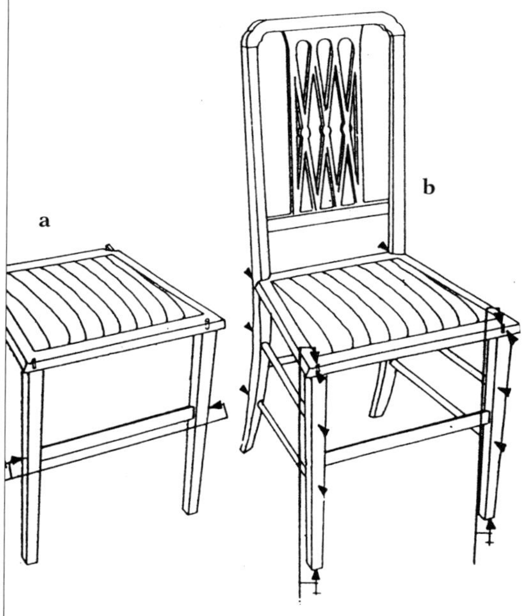

a. En recollant la traverse de face, engager les tourillons du châssis afin de maintenir le bon écartement des pieds avant.

b. Pour recoller les barreaux de côté et du châssis, placer deux serre-joints verticaux qui appuieront sur les tourillons de l'avant.

Chaise à châssis assemblé par des tenons dans les montants arrière

Démontage. Dévisser éventuellement les vis qui fixent le châssis aux traverses. Soulever son avant car il peut être assemblé aux pieds de devant par des tourillons verticaux. Taper l'arrière pour dégager les tenons des montants.

Collage. Pour la face, assembler à blanc les tourillons de châssis afin d'obtenir le bon écartement des pieds. Recoller le châssis en même temps que les barreaux latéraux. Le visser aussitôt pour bien le placer. S'il est assemblé à tourillons à l'avant, placer deux serre-joints verticaux.

Le châssis. Un châssis dont les assemblages bougent doit d'abord être dégarni, démonté et recollé. Pour le recoller, le poser sur un support plan permettant le serrage. Vérifier que ses diagonales sont égales. S'il est cassé ou vermoulu, en refaire un neuf en utilisant l'ancien comme gabarit (voir Réparations page 100).

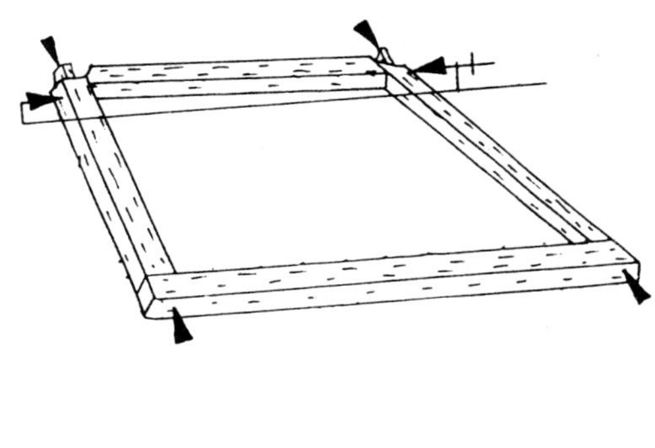

Châssis traditionnel. Position des serre-joints.

Finitions

Teinte

En grattant des assemblages, en frottant une cale ou en essuyant des bavures de colle, on a pu mettre à certains endroits le bois à nu et l'éclaircir. Pour lui rendre sa teinte, passer localement du brou de noix plus ou moins dilué (ou une autre teinture). Égaliser la teinte avec une brosse. (Pour plus de précision, voir les patines page 121).

Pour ne rien oublier. Se placer face au siège. Procéder à la finition de tout ce que l'on voit. Tourner le siège d'un quart de tour, faire la finition du côté. Tourner encore d'un quart de tour, etc. Cette manière de tourner quatre fois le siège est aussi valable pour le chevillage, le décapage, le vernis, la cire...

Vérification de l'aplomb

Poser la chaise sur un sol bien plan, ou la retourner et poser deux règles sur les pieds : en les regardant de loin, les yeux à leur hauteur, les règles doivent se confondre.

Rectifier les pieds pour que la chaise se pose bien d'aplomb sur le sol. Posées sur les bouts des pieds de la chaise retournée, les deux règles doivent se superposer pour l'œil de l'observateur placé à quelque distance.

Réduire le bout d'un pied trop long avec une scie à dents fines. Empêcher la lame de déraper en la bloquant avec un ongle. Râper vers l'intérieur, en biseau pour que le frottement sur le sol n'occasionne pas d'éclats.

Lorsqu'on passe une teinte, on l'égalise aussitôt avec une brosse. Chaise à bouillie, début XXe.

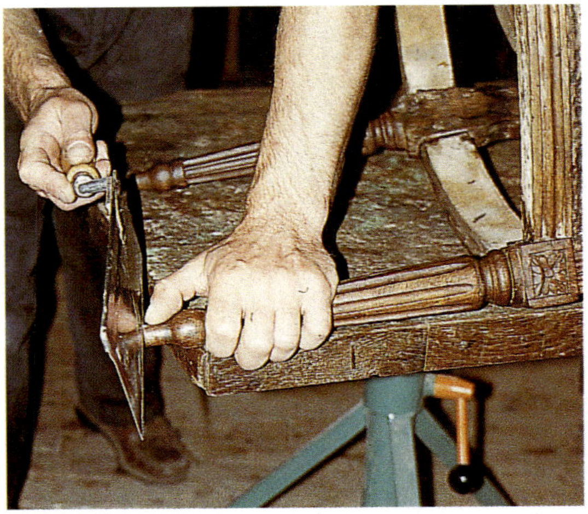

Pour réduire un bout de pied, scier en bloquant la lame avec un ongle.

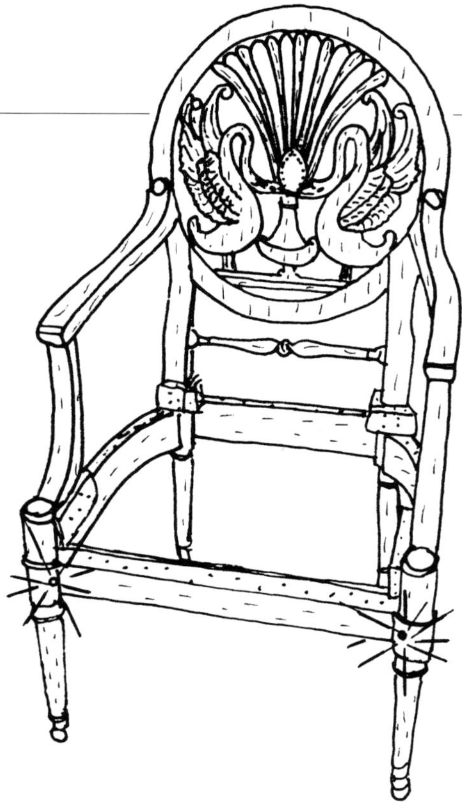

Gare aux chevilles tardives ! Un fauteuil en acajou du XIXe siècle n'a pas été chevillé à l'origine. Mais il peut l'avoir été plus tard par un «restaurateur» ayant voulu le «faire tenir» sans le recoller. Méfions-nous donc en démontant ce superbe fauteuil Empire aux deux cygnes dans le dossier, et inspectons soigneusement les montants.

Difficultés de démontage

Chaise dont seuls certains assemblages se décollent

Si certains tenons refusent de s'écarter, cela signifie qu'ils ont été mieux ajustés que les autres lors de leur fabrication. Si le reste de la chaise peut se démonter, on ne se préoccupera pas de ces assemblages bloqués. Mais si l'un ou l'autre empêche d'écarter des assemblages qui ont besoin d'un recollage, il faut le démonter.

Pour le décoller, faire couler de l'alcool à 95° (alcool ménager, à vernir ou à brûler) dans la mortaise : si le siège est collé à la colle chaude, elle se diluera. Attendre un bon quart d'heure en rajoutant de temps en temps de l'alcool. Si l'alcool ne donne pas de résultat, essayer le trichloréthylène ou le vinaigre qui diluent certaines colles synthétiques. Percer éventuellement un petit trou d'un millimètre dans la joue de la mortaise pour injecter le produit choisi avec une seringue.

Si un tenon refuse de sortir, faire couler de l'alcool dans la mortaise, ou l'injecter à la seringue.

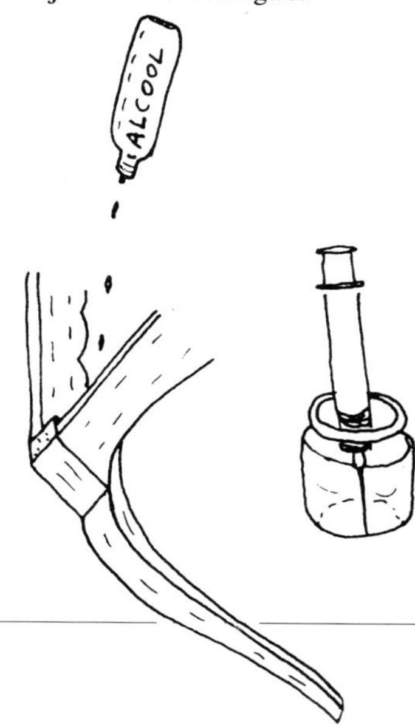

Chaise vernie

Protéger le bois avec du ruban-cache adhésif lisse (ne pas utiliser du ruban froncé) pour éviter que ces produits attaquent le vernis. Essuyer aussitôt l'alcool ou le trichloréthylène qui déborde. Bien entendu ce traitement est déconseillé pour un siège reverni récemment au tampon.

Ensuite fixer la traverse ou le montant sur un établi avec un serre-joint ou un étau. Provoquer de petites vibrations avec un marteau. Faire jouer le tenon dans sa mortaise. Les oscillations prennent peu à peu de l'ampleur... avec de la patience, sans forcer.

On peut aussi utiliser un vérin, ou un serre-joint placé à l'envers et dévissé, ou des cales en V paraffinées pour qu'elle glissent, etc. Si on dispose d'un établi équipé d'une presse parisienne, utiliser les deux griffes en les écartant.

Outillage

Établi. *Si possible un grand établi de menuisier, mais un établi portatif suffit.*

Étau. *« Quand le bois est fixé, le travail est à moitié fait » : un étau est indispensable. Pour ne pas marquer le bois, il faut remplacer les mâchoires d'un étau métallique (elles peuvent en général se dévisser) par des mâchoires en bois. L'idéal est de disposer d'une presse d'ébéniste à serrage rapide.*

Serre-joints de toutes tailles. *Les grands serre-joints (à patin fixe à pompe, c'est-à-dire sans rotule à l'extrémité mobile) les plus couramment utilisés pour recoller les sièges ont 60 cm d'écartement. Mais pour certains fauteuils larges, 80 cm sont indispensables. Les serre-joints moyens et petits, à rotules, s'adaptent aux courbures.*

Collages irréversibles. Si l'assemblage est soudé par une colle irréversible, c'est l'impasse. Ne pas insister, surtout si l'assemblage est vermoulu ou semble de faible dimension. Essayer de glisser de la colle dans les jointures écartées des autres assemblages, ou de l'injecter à la seringue dans les mortaises... On peut également cheviller l'assemblage en serrant la chaise avec des serre-joints, ou ajuster de larges équerres (voir page 102).

Éclats occasionnés par le démontage

Même si l'on agit avec précaution, il arrive qu'un éclat de bois saute ou qu'un élément se fende. Les recoller aussitôt avec de la colle blanche vinylique. Une cassure propre et nette, bien serrée au cours du collage, ne sera pas un point faible. (Voir Réparations, page 66). En attendant de les recoller, conserver précieusement dans un récipient tous les petits bouts de bois qui sautent. Seulement posés sur un coin de l'établi, ils risquent fort de s'égarer !

Cette chaise régionale Louis-Philippe en merisier, avec dossier à barrettes horizontales, s'est cassée en tombant. Aucun morceau n'ayant été perdu, un recollage avec serrage minutieux suffit. Des renforts incrustés ou des tourillons ne feraient qu'affaiblir les éléments. On voit ici le collage des morceaux cassés du dossier. Chaque serre-joint s'appuie avec une cale en Isorel. Sur la table est posé un pot à colle blanche très pratique : son haut capuchon jaune permet de laisser le pinceau à demeure dans la colle, ce qui évite de le rincer à chaque fois.

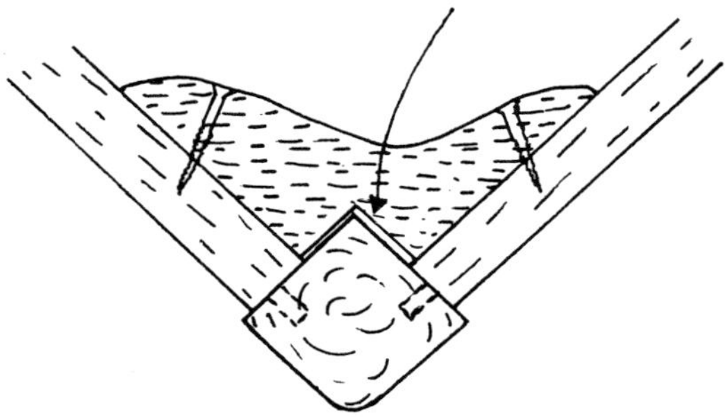

Le plus souvent il reste un espace entre l'équerre et le pied. Les deux traverses sont liées l'une à l'autre, mais le pied peut remuer.

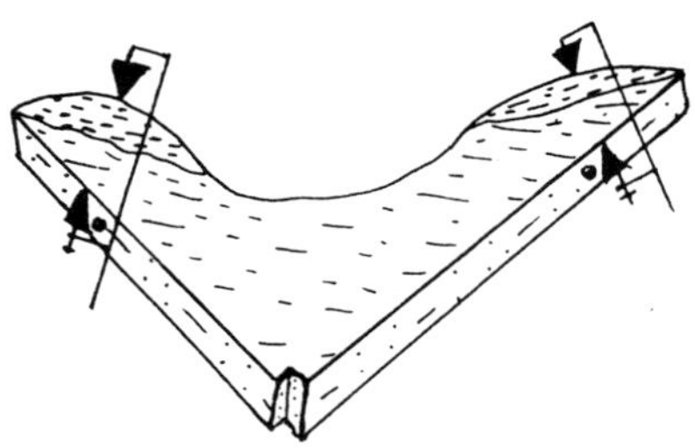

Si l'équerre sert de support à un châssis amovible, recoller tout de suite les éclats.

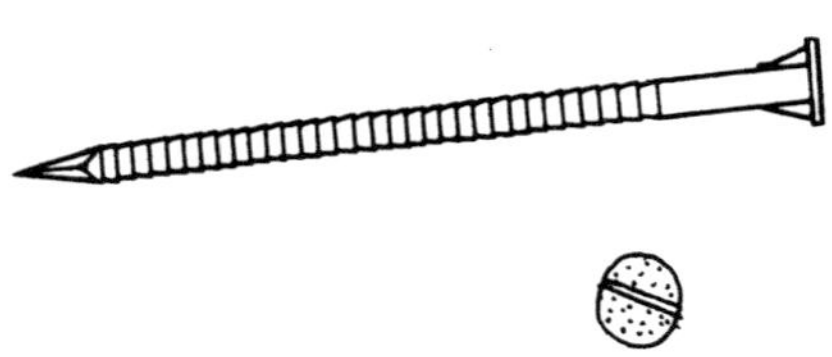

Vis parisienne. Sans filetage, elle est très difficile à extraire.

Les équerres en bois

L'assise comporte quelquefois des équerres en bois. Si la chaise possède un châssis amovible, la retourner et regarder s'il repose dessus. Si oui, il faut les conserver.

Mais en général ces équerres ne servent à rien. La preuve en est que, même bien fixées aux traverses, elles n'empêchent pas les tenons de jouer dans les mortaises des montants si les assemblages sont décollés. En outre, elles sont la plupart du temps bien trop étroites.

Les tapissiers et les bricoleurs occasionnels posent ces « renforts » pour se donner bonne conscience. Les fabricants le font plutôt pour donner au client une impression de robustesse.

Vouloir rigidifier un siège sans le démonter et le recoller est illusoire. Sauf cas extrêmes (voir pose d'équerres, page 102), un siège convenablement collé n'a pas besoin d'équerres.

Conservation des équerres. Commencer par les numéroter pour les repérer : 1, 2, 3, 4. Si les équerres sont vissées, débloquer les vis en donnant un coup de tournevis dans le sens des aiguilles d'une montre (sens du vissage). Puis dévisser normalement. On peut aussi creuser à la gouge autour de la tête des vis, et les saisir avec le bout d'une pince coupante pour les faire tourner.

Vis parisiennes. Si les vis tournent sans s'extraire, il s'agit de vis parisiennes : un cauchemar ! Ce sont en fait de gros clous crantés, enfoncés au marteau, dont les têtes sont fendues pour imiter celles des vis. Taper au marteau d'un coup sec sur l'équerre pour les décoller : quelquefois, avec un peu d'insistance, ces pseudo-vis cèdent. Si elles s'agrippent, essayer d'arracher l'équerre en glissant entre elle et la traverse un ciseau à bois pour faire levier. Ce ciseau (20 mm de large environ), réservé à cet usage, ne sera jamais affûté : il rencontrera parfois des clous et sera rapidement ébréché, ce qui n'a aucune importance.

Toujours respecter la structure d'un meuble

Tous les renforts métalliques vissés ou posés par d'inventifs forgerons, sont à jeter. Bois et métal ne font pas bon ménage : le bois possède une certaine souplesse, le métal est rigide. Ils prennent rapidement du jeu. De toute façon, il faut toujours respecter la structure d'un meuble : il tient par ses tenons et ses mortaises.

Bergère Louis XVI. Remarquez la feuillure verticale derrière le support d'accotoir. Une bergère est garnie de tissu sous les bras. Une équerre a été posée entre le montant du dossier et le haut du bras ! Pour détruire cette équerre inutile, on la fait éclater progressivement avec un ciseau à bois.

Si les vis parisiennes résistent encore, casser l'équerre avec le bout du ciseau et les arracher à la tenaille. Si les cassures sont nettes, recoller l'équerre ; si elle éclate en nombreux morceaux, il faudra la remplacer (voir pose d'une équerre, page 102).

Suppression des équerres. S'il n'est pas nécessaire de garder les équerres et qu'un coup de marteau ne suffit pas à les décoller, les casser au ciseau à bois, par éclats successifs, en arrachant les éventuels clous au fur et à mesure.

Le problème des clous

Les clous sont en quelque sorte des chevilles métalliques... plantées par des inconscients. Selon la malicieuse tendance que nous avons à imputer aux autres nos propres erreurs, on parle dans les ateliers français de « colle italienne »... Un clou dans un assemblage n'a jamais consolidé une chaise, il peut tout au plus fendre le bois. (En pratique, les restaurateurs essayent rarement d'arracher les clous. C'est trop long, trop aléatoire. Ils tirent directement sur l'assemblage cloué.)

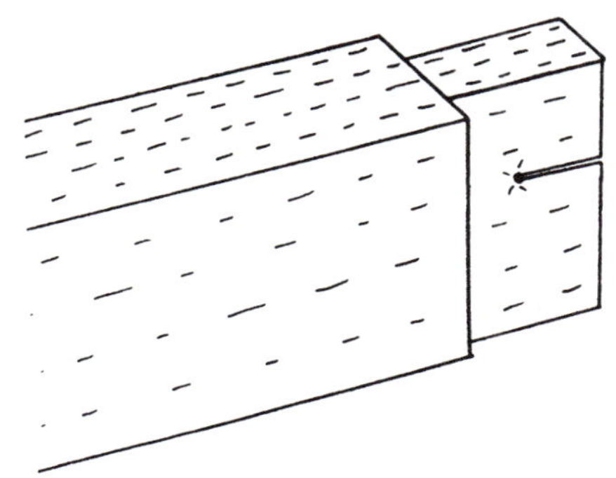

**Tenon fendu par un clou.
Cela diminue à peine sa résistance.
Au moment de coller l'assemblage, glisser simplement de la colle dans la fente.**

Retirer un clou qui dépasse. Si la tête du clou dépasse, taper dessus d'un coup sec pour casser la rouille. Le saisir avec une tenaille ou l'extrémité d'une pince coupante, en protégeant le bois avec une cale fine. En faisant remuer le tenon dans la mortaise, on arrive parfois à faire suffisamment sortir le clou pour l'arracher.

Retirer un clou cassé. Il arrive souvent qu'on casse l'extrémité d'un clou en essayant de l'attraper, surtout si la rouille l'a soudé dans le bois. Essayer alors de le chasser avec un chasse-clou : s'il sort de l'autre côté, il suffit de l'arracher,

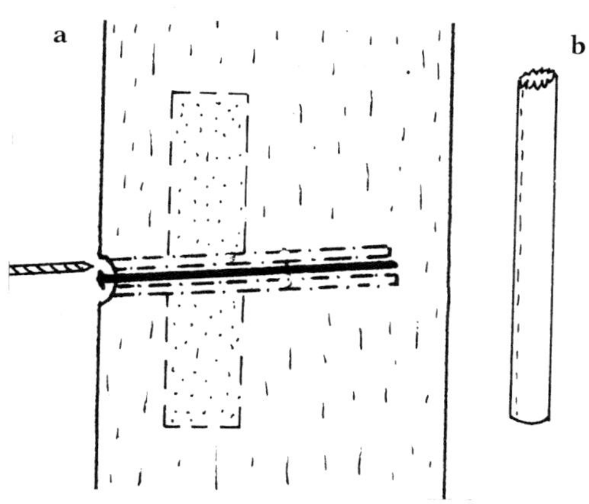

Clou noyé dans le bois (vue en coupe d'un montant)

a. Dégager la tête du clou avec une petite gouge. Percer trois trous de 1,5 mm tout autour. Le bois étant affaibli, on peut arracher le clou.

b. On peut aussi fabriquer une mèche creuse à partir d'un tube d'acier pour percer autour du clou.

Retirer un clou noyé dans le bois. On peut espérer chasser le clou par l'intérieur. Il faut d'abord percer pour repérer sa pointe (avec une mèche de 5 mm environ), à condition que l'intérieur du montant soit accessible à une perceuse : une traverse peut faire obstacle. Mais si le clou a été enfoncé de travers, on ne peut que le rater. Surtout ne pas insister, car il faudrait percer trop profondément : les cloueurs lésinent rarement sur la longueur de leurs pseudo-renforts. Alors que faire ?

La seule solution est de dégager la tête du clou en creusant le bois avec une petite gouge (ou une mèche creuse fabriquée à partir d'un tube d'acier), pour pouvoir le saisir avec une pince ou des tenailles pointues. S'il ne vient toujours pas, percer autour de lui trois trous de 1,5 mm qui affaibliront la pression. Attraper le clou avec le bout d'une pince coupante pointue. Après recollage de la chaise, il faudra repercer avec une mèche de 7 mm et enfoncer une vraie cheville en bois (voir Chevillage, page 58).

Retirer un clou d'un bois verni. Sur une chaise vernie, une cheville serait trop visible. Il faut se résoudre à chasser le clou au maximum, puis à tirer sur l'assemblage, quitte à le casser. Si le tenon se fend, cela a peu d'importance. Mais il serait plus ennuyeux que la joue de la mortaise éclate.

Recollage d'une mortaise éclatée. Après un recollage soigneux, le joint ne se verra quasiment pas et la mortaise sera aussi solide qu'avant. Pour cela, encoller l'éclat et son emplacement sur le montant (à la colle blanche vinylique de préférence), puis serrer avec un ou deux petits serre-joints. Si l'éclat bascule vers l'intérieur de la mortaise, enfoncer dedans un bout de bois de la largeur du tenon (protégé par une feuille de plastique ou paraffiné pour que la colle n'y adhère pas).

Le lendemain, faire sauter la colle qui a bavé à l'aide d'un ciseau à bois. Éventuellement, finir de la nettoyer à l'eau tiède avec une éponge doublée d'un tampon de fine laine d'acier.

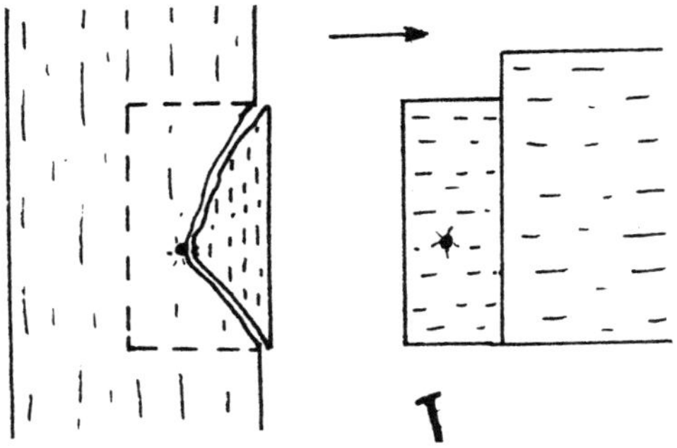

Mortaise éclatée.
Si l'on tire d'un coup sec sur la traverse, la joue de la mortaise éclate. Recoller tout de suite le morceau cassé. Le lendemain, renforcer la joue avec deux tourillons de 3 ou 4 mm de diamètre.

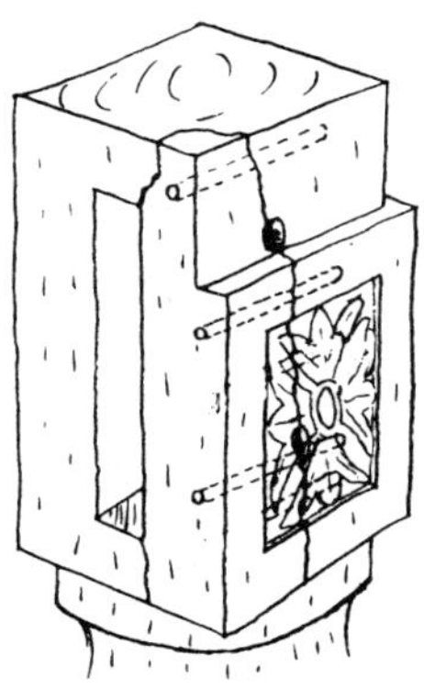

Joue de mortaise éclatée : recoller, puis tourillonner éventuellement.

Serrages particuliers

Serrage des chaises à traverses courbes

Le dossier. On se sert de cales de bois dans lesquelles on scie une encoche à 90°. Pour la traverse basse, on peut fabriquer une cale spéciale qui sera maintenue dessus par un serre-joint.

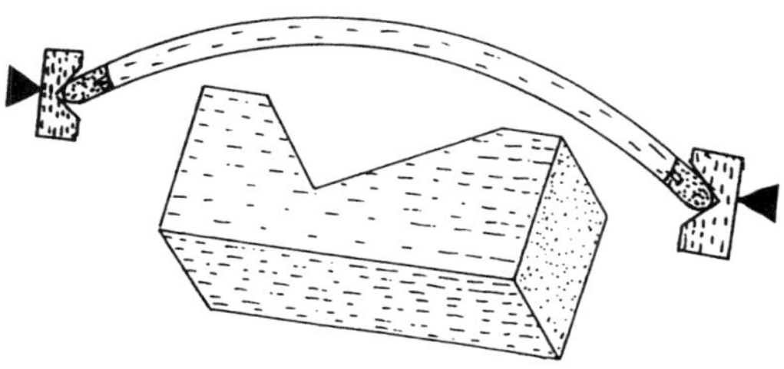

Cales en bois servant à serrer le haut d'un dossier cintré.

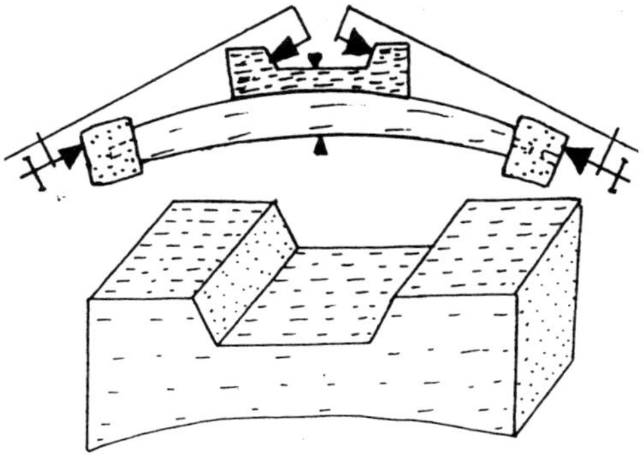

Cale servant à serrer la traverse du bas d'un dossier cintré.

a

b

c

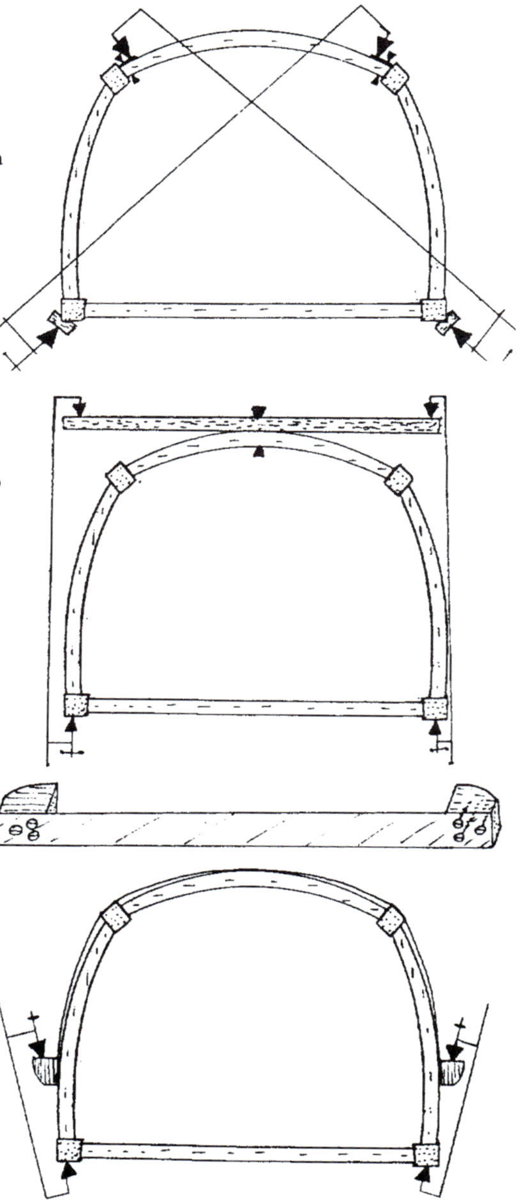

Trois façons de serrer une assise cintrée.
a. Avec deux petits serre-joints sur la traverse arrière pour empêcher les deux grands de glisser.
b. Avec une planche sur l'arrière.
c. Avec une ceinture de serrage.

L'assise. a. On peut fixer deux petits serre-joints sur la traverse arrière, au ras des montants. À l'avant, utiliser les cales fabriquées pour serrer le dossier.

b. On peut aussi fixer sur l'arrière une planche solide. Cette deuxième méthode convient aussi pour les chaises à dossier étroit, et pour les pieds avant de section arrondie.

c. On peut encore fabriquer une ceinture de serrage : visser deux cales dans une sangle non élastique, ou une bande d'acier souple protégée par un feutre collé au Néoprène.

On peut enfin utiliser une sangle à enrouleur. Mais si cela permet à la rigueur de rectifier le gauche de la chaise en jouant sur la hauteur de la sangle, cela ne modifiera pas son équerrage. Vous n'en verrez jamais chez un ébéniste.

Montant arrière incliné. Le problème est que les serre-joints glissent. Il faut donc fixer sur le montant une longue cale d'Isorel avec un serre-joint (croquis page 49).

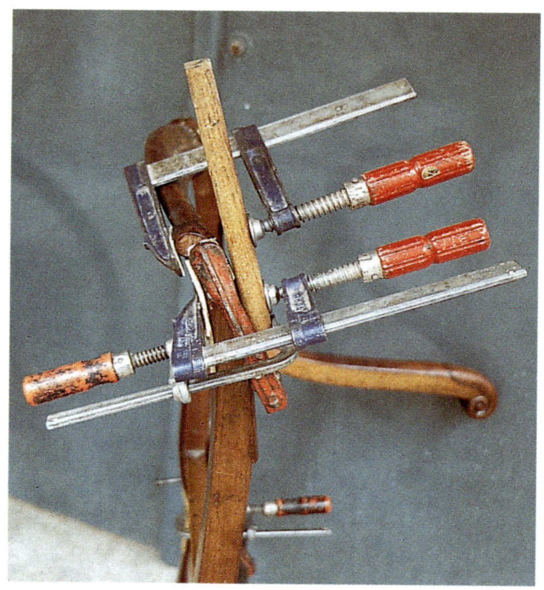

Serrage du haut déversé d'un dossier en merisier : serrer un tasseau pour y prendre le serre-joint du haut qui, autrement, glisserait.

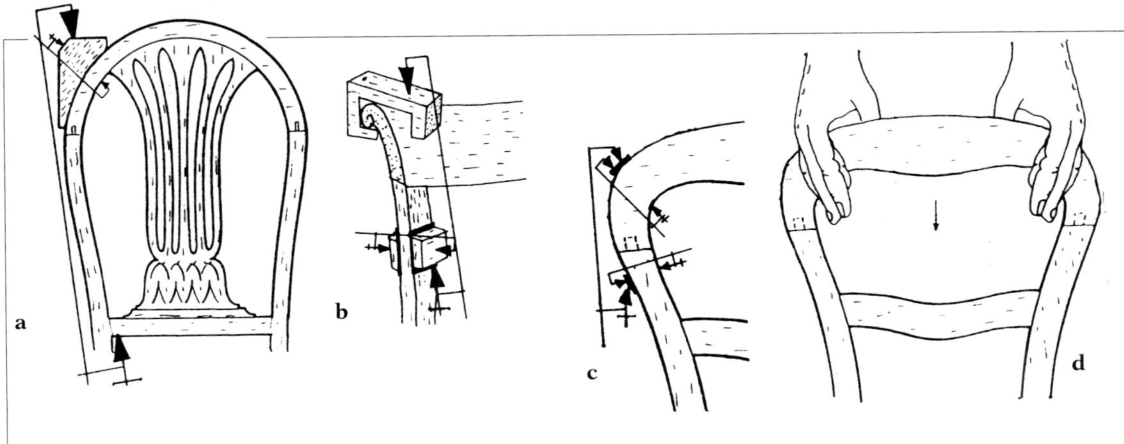

Serrage de deux hauts de dossier avec une cale en forme.
a. La cale est maintenue par un petit serre-joint.
b. La cale empêche le dossier de basculer en arrière.

Serrage d'un dossier en anse de panier
c. Si le tenon force, fixer deux fines cales avec deux petits serre-joints et prendre un grand serre-joint dessus.
d. Simple serrage à la main.

On peut aussi replier le tiers d'une feuille de papier de verre en trois sur lui-même (grain à l'extérieur), puis en deux, et glisser dedans une fine cale d'Isorel ou de contre-plaqué : elle ne dérapera plus sur le montant. Ou on peut envelopper la cale d'une seule épaisseur de papier de verre collé au Néoprène.

Enfin, on peut encore fixer solidement sur l'arrière une planche avec deux serre-joints.

Dossier en anse de panier. Monter le dossier à blanc (c'est-à-dire sans le coller), et vérifier que les tourillons ou les fins tenons du haut s'emboîtent jusqu'au bout.

Sur une chaise comportant un motif central (a), vérifier qu'il n'empêche pas les parties de joindre. Une mauvaise jointure peut être due à de l'ancienne colle ou à de la poussière accumulées au fond des rainures, et il suffit de les gratter. Mais cela peut venir aussi du retrait du bois de l'arceau (débité dans un bois pouvant faire jusqu'à 30 cm de large) : il faut alors recouper le bas du motif de quelques millimètres.

Pour serrer l'arceau, exercer simplement une forte pression avec les mains, pendant quelques minutes. Relâcher : les assemblages se sont coincés et ne remontent pas.

On peut aussi se servir d'une presse-crabe, très onéreuse mais absolument magique.

Un montage avec deux petits serre-joints et un grand fait aussi l'affaire : les deux petits empêchent le grand de glisser.

Parfois un grand serre-joint vertical pris en haut du dossier suffit à enfoncer les tenons (b), mais il faut le retirer au bout de quelques minutes car il a tendance à tordre le dossier en arrière.

Pour ces dossiers aux jointures très visibles, il vaut mieux essuyer le surplus de colle tout de suite avec une éponge plutôt que de le faire sauter avec un ciseau à bois lorsqu'elle est sèche.

Sièges dorés de collection. Démonter un siège doré fait s'écailler l'or. Il vaut mieux – la solidité sera très relative mais c'est un moindre mal – percer des petits trous d'un millimètre dans les joues des mortaises et injecter de la colle de poisson avec une seringue à grosse aiguille. La colle comblera partiellement les jours causés par l'utilisation du siège et le travail des bois. Si le siège est très branlant et demande à être démonté et recollé, il faudra retoucher la dorure (voir page 119).

Recollage des fauteuils

Recollage des bras

Un fauteuil n'est qu'une large chaise équipée d'accotoirs. Ces bras sont en une ou deux parties selon que les pieds avant se prolongent ou pas.

Démontage. Les bras sont toujours démontés en premier. Soulever l'avant de l'accotoir en donnant des petits coups de marteau par-dessous, et le reposer à côté de son tenon. Détacher le bras du montant arrière en le remuant de haut en bas, et en tapant sur le montant arrière. Enfin démonter s'il y a lieu le support d'accotoir (la partie verticale du bras).

1

2

Fauteuil cabriolet Louis XVI en hêtre, dossier en médaillon.

1. Démontage d'un bras. Soulever l'avant de l'accotoir et le poser à côté du tenon du support d'accotoir. Puis extraire le tenon enfoncé dans le montant du dossier. Remarquer la cale maintenue avec du ruban adhésif sur le montant pour taper au marteau sans l'abîmer.

2. Le fauteuil entièrement démonté.

Très joli fauteuil Empire retour d'Égypte, en acajou. Les pieds avant commencent en griffes de fauve pour se terminer en égyptiennes. Voyez sous le bras le serre-joint gris dont on a retourné la partie mobile. Grâce à ce subterfuge au lieu de serrer, il desserre ! Cela permet de lever l'avant du bras en douceur.

1

2

Recollage d'un fauteuil Louis XVI en hêtre, dossier en chapeau. Le dossier et la face ont été collés la veille.

1. Serrage avec une sangle des deux traverses cintrées du côté.

2. Recollage des bras. Par temps ensoleillé, il est inutile de tiédir les bois sur un réchaud. Il suffit de les sortir une demi-heure à l'avance, le soleil y pourvoit.

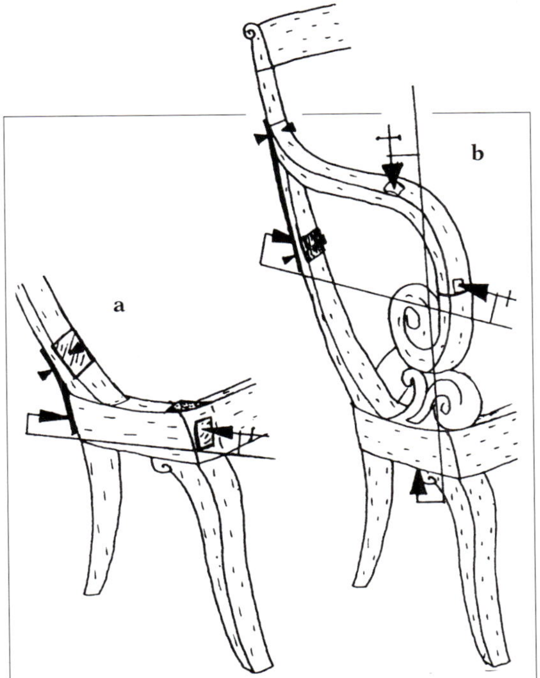

a. Recollage d'une chaise à dossier très incliné. Le petit serre-joint du haut empêche la longue cale de glisser vers le bas.

b. Serrage d'un bras en ample volute, appelé aussi bras à crosse. Avec deux serre-joints, fixer une longue cale fine sur le montant du dossier. Le grand serre-joint horizontal prend appui sur celui du bas.

Recollage. Recoller les accotoirs tout de suite après les traverses de côté de l'assise. Serrer fortement pour que les tenons entrent jusqu'au bout dans leurs mortaises, puis desserrer un peu les serre-joints pour que la pression ne déforme pas les bras et ne fasse pas bâiller les arasements.

Veiller à ce que les bras s'ouvrent légèrement vers l'extérieur : un fauteuil doit avoir une silhouette accueillante. Rectifier éventuellement leur écartement en modifiant la position des serre-joints.

Si on emploie de la colle chaude, si la température ambiante est supérieure à 20°C et que l'on agit rapidement, il peut suffire de tiédir seulement les assemblages les plus délicats comme le haut des bras.

Serrage des bras arrondis, en deux parties. Utiliser une presse-crabe ou un montage de cales et de serre-joints.

Serrage d'un bras sur un montant incliné (fauteuil « à crosse »). À l'aide d'un petit serre-joint, fixer sur ce montant, une longue cale fine en Isorel.

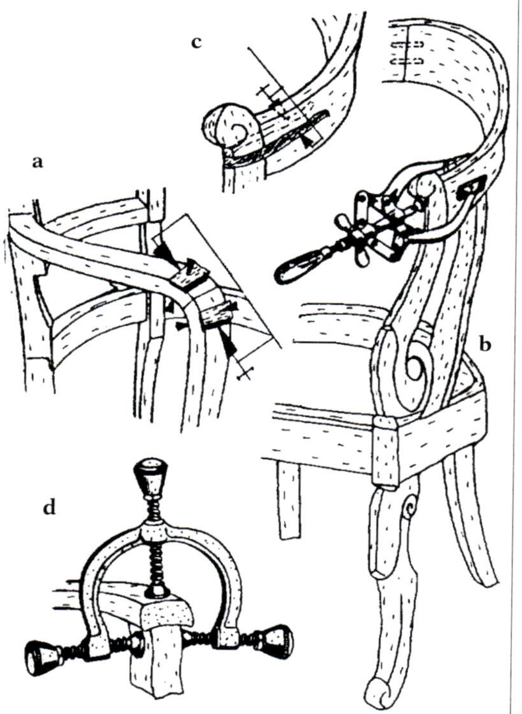

a. Serrage d'un bras en deux parties. Si vous ne possédez pas de presse-crabe, prenez un serre-joint sur deux cales fixées par deux petits serre-joints.

b. Fauteuil gondole Restauration. Pied avant en jarret stylisé. Serrage d'un bras avec une presse Olga.

c. Serrage du bout d'un bras avec une chambre à air.

d. Presse triangulaire.

Cabriolet Louis XVI, dossier en médaillon.
1. Souvent le grand serre-joint horizontal (gris sur la photo) suffit. Mais pour bien rapprocher le tenon qui entre dans le dossier sans tordre le bras, on peut lui préférer deux petits serre-joints.

2. Détail de la position des deux petits serre-joints.

1

2

Fauteuil cabriolet Louis XV, accotoirs en coup de fouet. La presse Olga est utile ici parce que l'extrémité du bras est cassée. Sinon un simple serre-joint vertical aurait suffi.

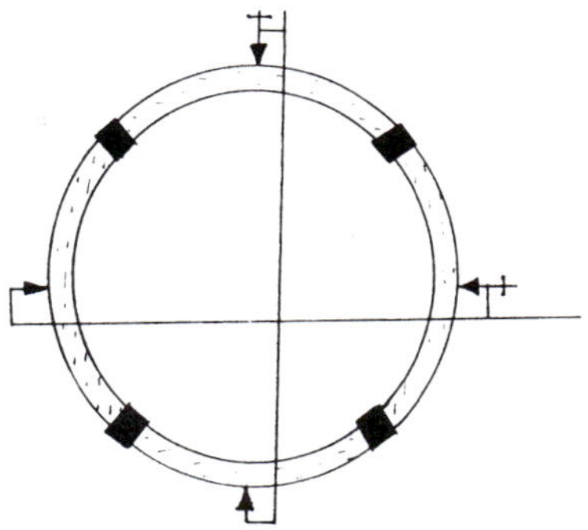

Serrage de la ceinture ronde d'un fauteuil fin XIXe (vue du dessus).

Fauteuils à ceinture arrondie

Coller l'assise en une seule étape. Les quatre traverses, collées en même temps, sont maintenues avec deux serre-joints ou avec une sangle à enrouleur. Les petits pieds de ce genre de fauteuil ont souvent besoin d'un serre-joint pour refermer leurs têtes qui ont tendance à se fendre (comme d'ailleurs les pieds avant des chaises).

Serrage du dossier d'un fauteuil crapaud. Placer deux serre-joints verticaux sur l'avant des bras. Resserrer les assemblages du haut en s'appuyant sur un montage composé de deux serre-joints pris sur des cales, elles-mêmes fixées par des petits serre-joints sur le dossier. Serrer les fins montants verticaux par la seule pression des mains, pendant quelques minutes. Le dévers du dossier empêche d'utiliser de grands serre-joints : ils le tordraient en arrière (voir page 47).

Serrage d'un fauteuil crapaud Napoléon III en hêtre, avec une presse-crabe (à gauche) et un montage de serre-joints (à droite). La face a été collée la veille. Deux serre-joints verticaux viendront serrer l'avant des bras. Les fins montants de l'arrière sont enfoncés par simple pression des mains car un serre-joint vertical ferait déverser le dossier.

Serrage d'un dossier cintré (chaise Empire en acajou, au fronton orné d'un bronze doré) recouvert d'une moulure arrondie. Planter deux petites pointes sur le haut du dossier. Les couper de façon à ce qu'elles dépassent de 3 mm. Encoller le dossier et la moulure. Enfoncer celle-ci sur les pointes : elles l'empêcheront de glisser. Serrer à l'aide de ruban adhésif, en utilisant son élasticité, ou avec des *propres-à-rien* coupés dans un ressort de tapissier.

Fauteuils gondole

Coller l'assise en deux étapes : les deux pieds avant avec la traverse de face, puis l'arrondi composé par les deux pieds arrière et les trois traverses cintrées.

Serrer le haut du dossier comme celui d'un fauteuil crapaud. Pour serrer les accotoirs, se servir de serre-joints spéciaux (presse olga, triangulaire ou unipresse). Une chambre à air bien tendue par un serre-joint fait aussi l'affaire. On peut aussi utiliser un montage composé de serre-joints pris sur des cales fixées elles-mêmes par des serre-joints.

Lors du serrage, essuyer aussitôt à l'éponge la colle qui déborde des arasements : les joints se présenteront nets à la finition.

Mauvais serrage et colle chaude

Si vous ratez un serrage, si au dernier moment vous vous rendez compte que vous vous y êtes mal pris, ou qu'une cale essentielle manque, démontez aussitôt le siège, plongez les tenons dans l'eau chaude et essuyez-les à l'éponge. Nettoyez les mortaises avec un pinceau imbibé d'eau chaude, et remontez.

Si l'erreur ne concerne que quelques assemblages, réchauffez leur colle avec un pistolet à air chaud (décapeur thermique), enduisez le tenon d'une nouvelle couche de colle, et serrez à nouveau.

Serrage d'un collage en haut d'un dossier avec un ressort d'encadreur écarté par une pince Ulmia. Ces ressorts servent en principe pour serrer les angles des cadres. Mais en restauration de siège, ils servent à éviter des échafaudages de serre-joints, même s'ils marquent légèrement le bois. On bouche ces petits trous avec de la cire à boucher ou de la gomme laque. Nous écartons là, évidemment, les sièges d'une perfection ne supportant pas ces deux petits impacts.

1

2

3

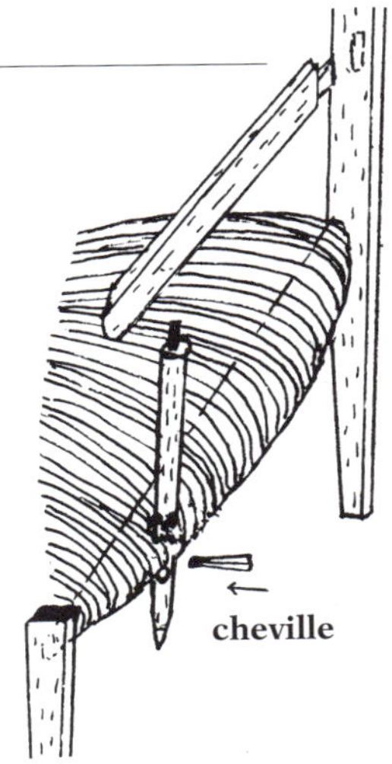

Recollage d'un bras de fauteuil paillé. Lorsque l'assise est repaillée, engager le support du bras vertical dans le trou de la traverse. La cheviller sous la traverse, puis coller la partie horizontale du bras.

Fauteuils à châssis amovible

Coller les deux traverses de côté. Visser ou cheviller le châssis. Coller les bras.

Fauteuils paillés

Faites repailler l'assise après avoir recollé les traverses de côté, mais avant de monter les bras. La paille doit passer dans les trous des traverses de côté. Les fins montants des accotoirs sont ensuite glissés dans ces trous puis chevillés sous les traverses.

1. Assemblage à tourillon, cassé au ras du trou. À cet endroit de la crosse, le bras est en bois de travers, donc très fragile.

2. Recollage de la crosse. Voyez la planche fixée dessus, et la position du serre-joint vert, plutôt difficile à déterminer...

**3. Renforcement de la crosse par un tourillon de 10 mm. Enfoncé par-dessous, il ne se verra pas.
Le diamètre de ce tourillon est suffisamment faible pour ne pas affaiblir l'acajou à l'excès.**

Canapés, méridienne, etc.

Recoller ces larges sièges dans le même ordre qu'un simple fauteuil : face et dossier, puis traverses latérales et bras. L'assise et le dossier comportent des traverses et des montants intermédiaires (certains fauteuils en ont aussi).

On dispose rarement de serre-joints aussi longs que les traverses avant et arrière. Ces grandes longueurs permettent d'écarter plusieurs assemblages et de les recoller sans démonter tout le canapé. On démonte rarement le dossier (il travaille peu).

Exceptionnellement, il peut arriver que les traverses de côté et les bras ne soient pas décollés alors que les tenons des grandes traverses ont pris du jeu. Dans ce cas, démonter le canapé en écartant les deux côtés, sans les disloquer.

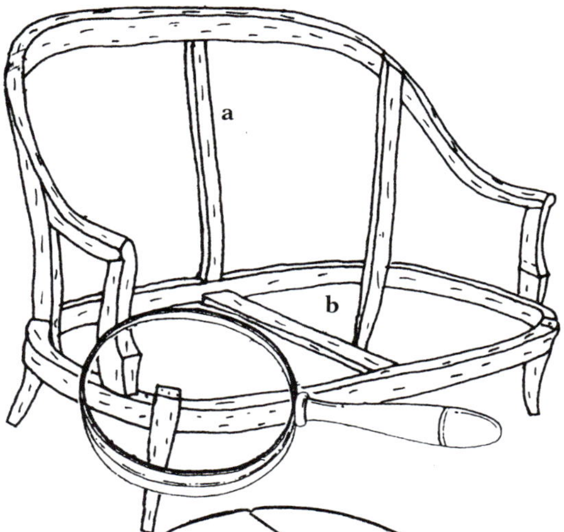

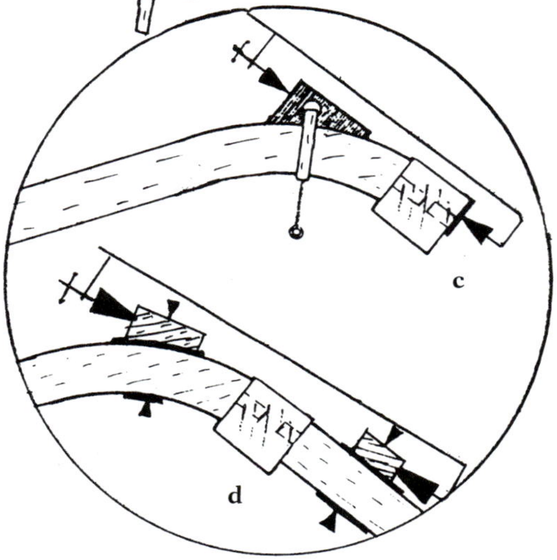

Canapé crapaud Napoléon III à deux places.
a. Montant intermédiaire.
b. Traverse intermédiaire.

Détail du serrage en l'absence de grands serre-joints .
c. Serrage de la traverse de face.
d. Serrage de la traverse de côté.

Recollage du dossier d'une méridienne fin Restauration en placage d'acajou de Cuba, sur un bâti de hêtre. Les pieds tournés et les deux montants sont en acajou massif.

Canapé Restauration en merisier. Les deux côtés ont été recollés d'abord.

1. Assemblage du dossier et de la face. Les grands sièges sont parfois recollés à l'inverse des fauteuils.

2. Pour serrer la face, deux serre-joints de 80 cm sont pris sur les traverses intermédiaires. Le ruban adhésif a servi à maintenir les cales de protection sur les montants, le temps de serrer (car j'étais seul).

3. Vérification de l'aplomb des pieds grâce à deux longues lames de parquet. Vues de loin, elles doivent se superposer.

1

Déchevillage de la cheville avant d'un bras, de l'extérieur vers l'intérieur.
1. On prend appui sur le bord de l'établi.
2. Puis on chasse les chevilles de la face.

2

Sièges chevillés

Le déchevillage

Selon une convention très ancienne, les sièges sont chevillés au cours de leur montage dans l'ordre suivant : le dossier et la face, puis les traverses latérales et les bras. Pour décheviller, il est indispensable de respecter l'ordre inverse car les chevilles se croisent, les unes bloquant les autres.

Chevilles croisées dans le dé de raccordement d'un pied avant. La cheville a bloque la cheville b, elle doit donc être chassée en premier. Elle maintient le tenon de la traverse de côté.

Les chevilles anciennes sont coniques, mais les trous qui traversent les assemblages sont bien sûr cylindriques. Donc seule la grosse extrémité d'une cheville rebouche parfaitement son trou. Le sens d'enfoncement des chevilles privilégie l'esthétique : elles sont placées de façon que leur grosse extrémité soit la plus visible. On les chassera donc en tapant sur leur petite extrémité.

Les bras. Avec un chasse-cheville, repousser les chevilles enfoncées dans les traverses latérales, en allant de l'intérieur vers l'extérieur du fauteuil. Mais on chasse de l'extérieur vers l'intérieur les chevilles qui assemblent le haut de l'accotoir au dossier, et celle qui relie les deux parties du bras.

L'assise. Chasser de l'intérieur vers l'extérieur toutes les chevilles des quatre traverses. Commencer par celles des tenons avant des traverses latérales afin d'écarter la face en premier.

Le dossier. Chasser les chevilles du haut par derrière.

En cas de résistance ! Si une cheville résiste, l'enfoncer en tapant sur sa tête pour voir si elle ressort bien à l'endroit d'où l'on essaye de la chasser : on s'est peut-être tout simplement trompé d'extrémité.

Mais parfois une cheville est bloquée, ou son extrémité est inaccessible (recouverte par une traverse, ou ne débouchant pas sur l'extérieur). Il faut alors la percer de l'extérieur du siège, avec une mèche de diamètre inférieur au sien. Ne pas percer complètement l'assemblage : il suffit que le tenon soit traversé par la mèche. Remuer la traverse pour détacher dans le trou ce qui reste de la cheville. Chasser les copeaux avec un fin ciseau à bois, ou les attraper avec une petite pince.

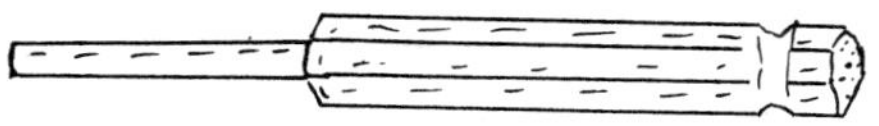

Un chasse-cheville se coince souvent. Il est difficile de le retirer car les tenailles glissent sur son manche. Une astuce : limer une encoche pour pouvoir le saisir.

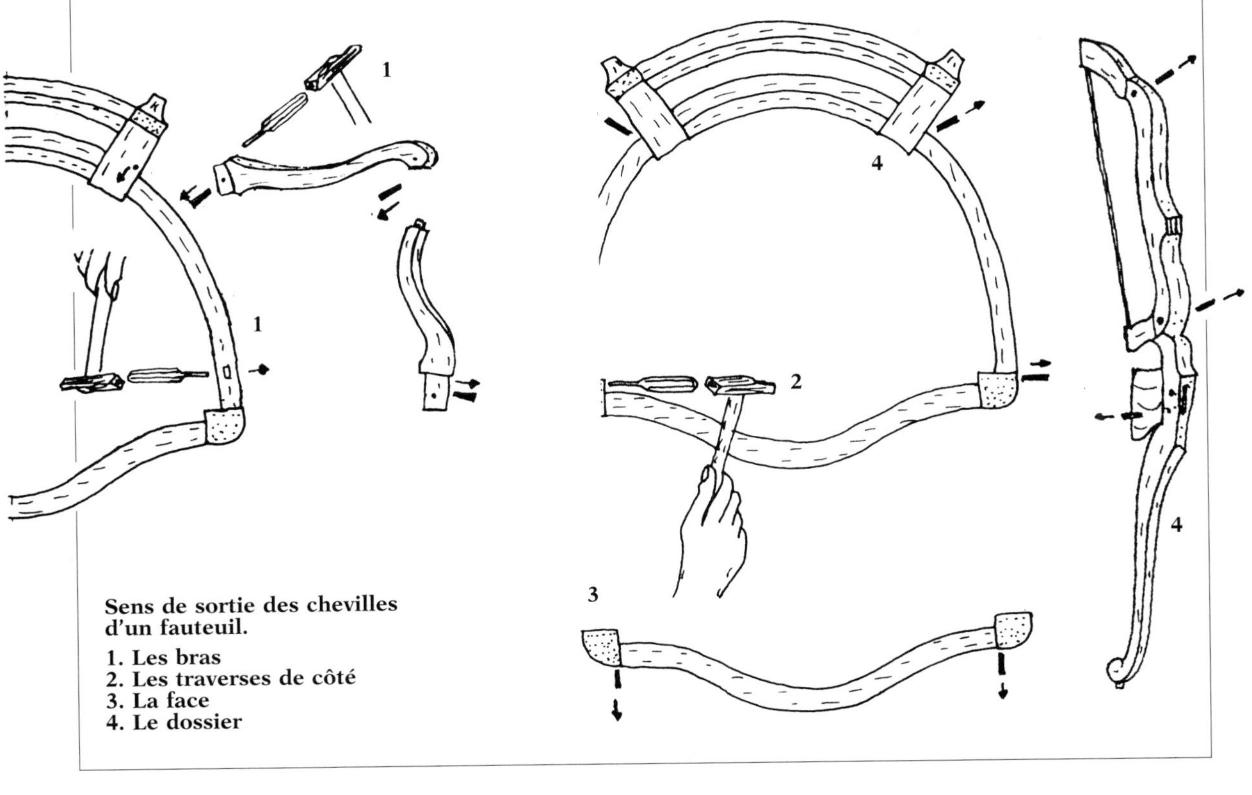

Sens de sortie des chevilles d'un fauteuil.

1. Les bras
2. Les traverses de côté
3. La face
4. Le dossier

Châssis amovible chevillé aux traverses. Percer les chevilles, ou les scier en insérant une lame de scie à métaux, horizontalement, entre traverses et châssis.

Rosaces Louis XVI ou Directoire. Elles masquent les chevilles. Les décoller en faisant levier avec un ciseau à bois.

> ***Fauteuil peint ou doré***
>
> *La plupart du temps, les chevilles sont trop tordues pour être réutilisables. Mais dans le cas d'un fauteuil peint ou doré, il peut être utile de les mettre de côté en les numérotant, pour les réutiliser.*

Chevillage

Cheviller le siège le lendemain du collage des assemblages, lorsque la colle est tout à fait sèche. Respecter l'ordre original afin que les générations futures puissent le redémonter avec la même logique traditionnelle : face et dossier, côtés et bras.

Repercer les trous des chevilles avec une mèche à peine plus large que les anciens : 6 mm, 7 mm (le plus souvent) ou 8 mm. Si la mèche s'engorge de bois mêlé de colle, la plonger dans l'eau : les copeaux se détacheront en se dilatant.

Couper des chevilles dans des tourillons de hêtre du même diamètre, en se servant d'un ciseau à bois. Pour ne pas avoir à les recouper ultérieurement, le mieux est de leur donner une longueur égale à l'épaisseur des montants.

Enfoncer les chevilles au marteau, en les laissant dépasser de 1 mm. Les mouiller juste avant : le bois mouillé glisse ! Si les chevilles dépassent, sur l'arrière du dossier par exemple, les trancher avec une scie à araser, en protégeant le montant par une fine cale. Puis les affleurer au ciseau à bois si le montant est lisse, avec une gouge s'il est sculpté ou mouluré. Après un léger ponçage au papier de verre fin, les teinter à la couleur du siège.

Dés de raccordement d'un fauteuil Directoire orné de deux rosaces rapportées par-dessus les trous des chevilles.

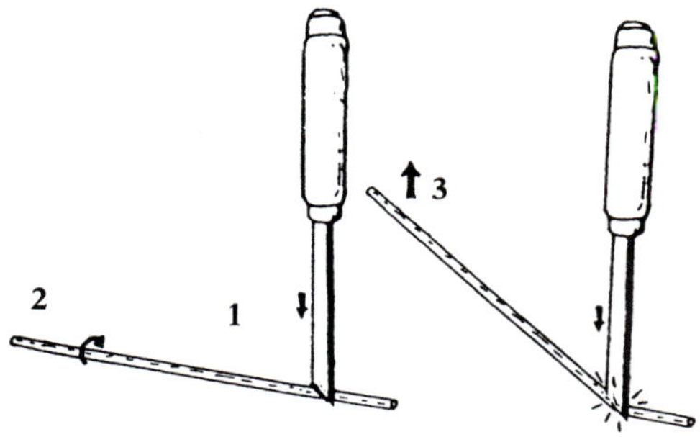

Pour couper un tourillon (jusqu'à 8 mm de diamètre) :

1. Appuyer sur le tourillon avec un large ciseau à bois.

2. Faire tourner le tourillon pour pratiquer une amorce de cassure tout autour.

3. Puis lever le tourillon : il casse. S'il ne casse pas droit, c'est que le fil du bois n'est pas longiligne, et il ne faudra pas l'utiliser.

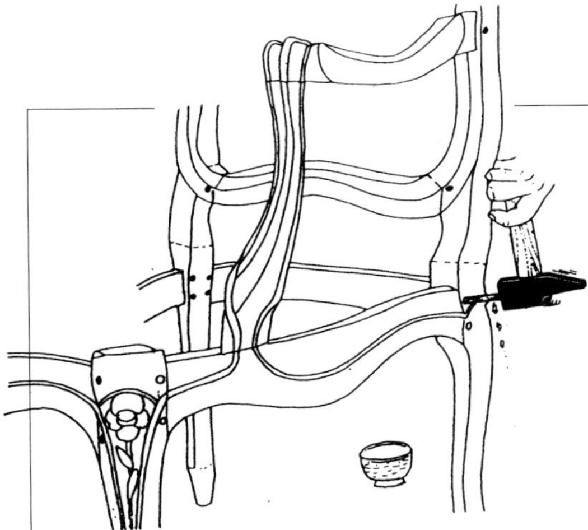

Juste avant d'enfoncer une cheville, la plonger dans l'eau : le bois mouillé glissera mieux.

Gratter les rosaces et leur emplacement. Recoller (colle chaude) ces ornements en les maintenant avec des bons-à-rien ou des petits serre-joints, ou simplement par deux minutes de pression manuelle.

S'il manque une rosace, on en trouve en résine moulée. On peut fabriquer soi-même un petit moule en enfonçant une rosace paraffinée dans de la résine synthétique. Couler ensuite de la résine dans le moule après l'avoir huilé.

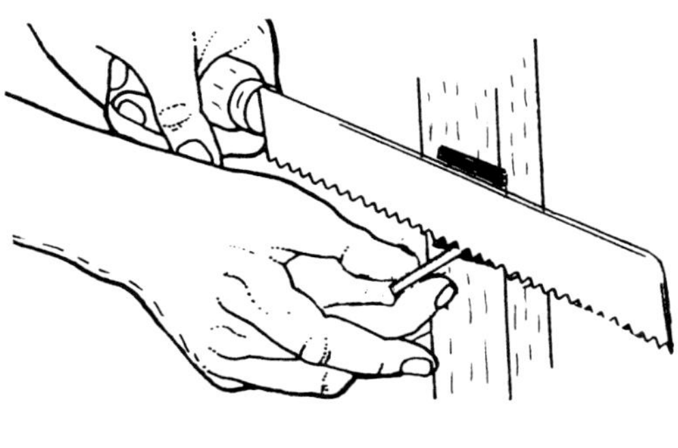

Araser les chevilles avec une scie à dents fines. Protéger le bois avec une cale mince.

Astuce

Si l'on raye ces chevilles de hêtre et qu'on les enduit de colle, elles peuvent renforcer une joue de mortaise abîmée.

Chevillage de châssis amovible. Citons Roubo (1772) : « En chevillant les châssis, on doit faire attention de percer les trous en pente, afin que si les chevilles venaient à se décoller ou à se retirer, ils ne puissent pas sortir aisément. » Vous constaterez en effet que les chevilles sont enfoncées en biais dans les traverses de l'assise.

Fabrication de chevilles traditionnelles

Ces chevilles sont réservées aux sièges de grande valeur car les tourillons sont d'emploi plus facile. En outre, comme elles sont coniques, elles ont tendance à éclater les joues des mortaises, et il faut les enfoncer en tapant avec modération.

Scier des bûchettes dans une planche d'environ 8 mm d'épaisseur du même bois massif que celui du siège (hêtre, chêne, merisier, noyer, acajou...). Les raboter en cônes dans un moule à chevilles (fabriqué dans une planche en faisant une encoche inclinée).

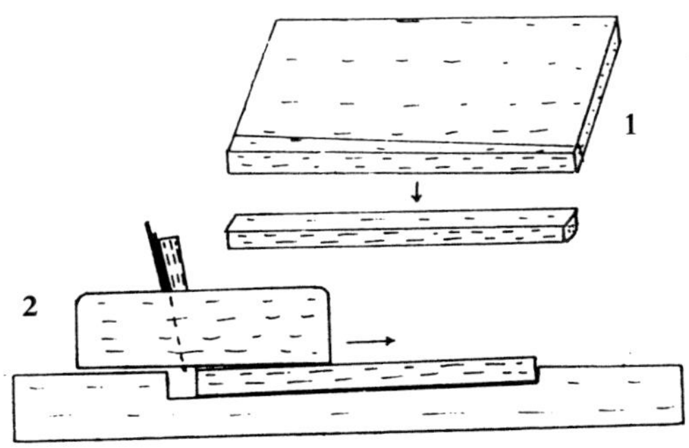

1. Débit d'une cheville dans une planchette.

2. Rabotage en cône d'une cheville à l'aide d'une boîte à coupe à fabriquer soi-même.

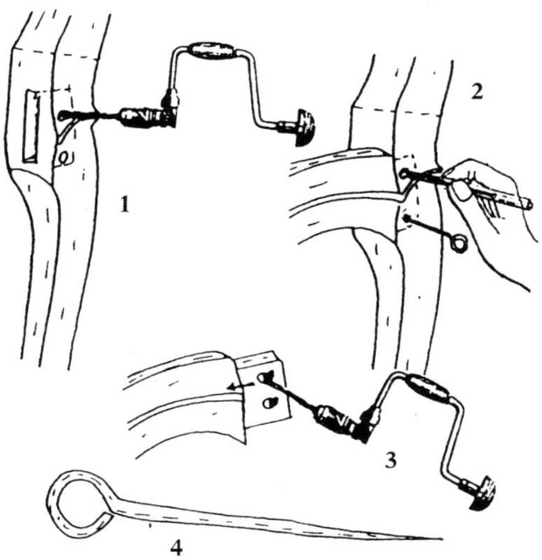

Chevillage traditionnel à tire.
1. Percer la mortaise.
2. Engager le tenon et tracer l'emplacement des trous avec un fin crayon.
3. Percer le tenon en décalant légèrement les trous (croquis ci-dessous) afin que la cheville tire sur la traverse.
4. Détireux, cheville métallique servant à monter à blanc les sièges chevillés à tire.

Chevillage à tire

Jusqu'au début du XIXe siècle, les sièges n'étaient pas collés, mais chevillés à tire. Percer les trous dans les mortaises, engager les tenons et tracer avec un fin crayon l'emplacement des trous. Retirer les tenons et les percer un peu en retrait des marques.

Lors du chevillage du siège, le décalage des trous fait que les chevilles tirent les assemblages. Pour serrer à blanc, on se servait de *détireux*, chevilles métalliques coniques munies d'un anneau permettant de les retirer.

Aujourd'hui en restauration, on est obligé de coller tous les sièges chevillés à tire, car leurs chevilles ont pris du jeu dans les trous des tenons. Elles ne gardent plus qu'un rôle esthétique. Seuls les fauteuils de musée, non destinés à servir, sont restaurés à tire.

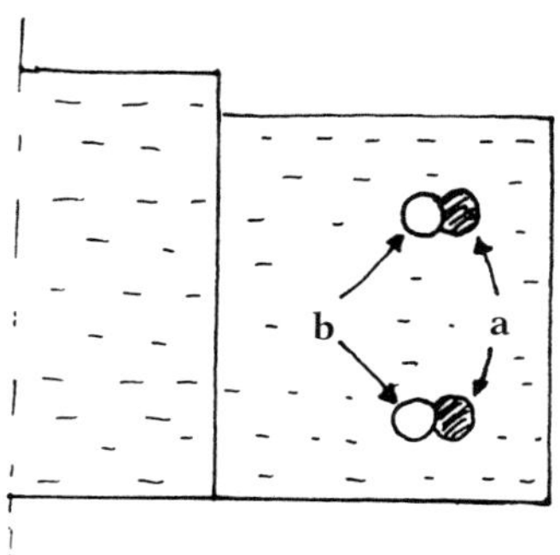

Tracer les emplacements a et b à travers la mortaise, puis percer le tenon à ces endroits.

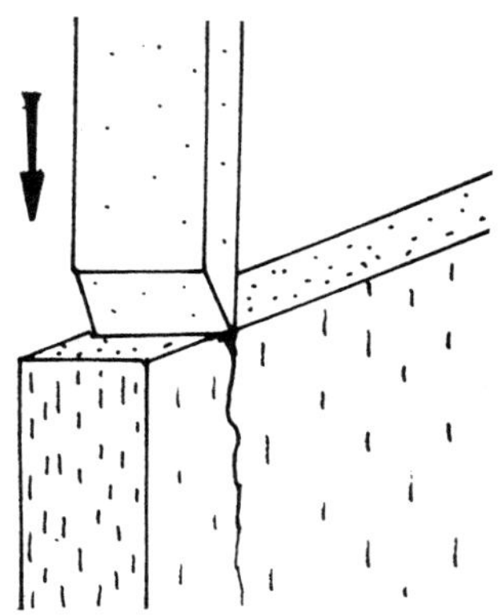

Autrefois les chevilles étaient fendues au ciseau dans le bois, et non sciées. Mais cela demande beaucoup d'entraînement.

Deuxième partie

Réparation des sièges

Les bois

Le hêtre. Si le chêne et le noyer avaient la faveur des menuisiers médiévaux, le hêtre est le bois le plus tilisé depuis le XVIIIe siècle pour les sièges parisiens. Solide, de grain fin, il ne fend pas. On l'utilise en priorité pour restaurer les éléments cassés. Assez pâle, il demande à être teinté. Le hêtre, très ancien, a pris une couleur rousse dite *robe de lièvre*.

Les bois fruitiers. Les sièges régionaux sont souvent en noyer ou en cerisier, bois splendides, mais hélas très prisés par les vers. On trouve aussi : chêne, châtaignier, merisier, orme, frêne, pin...

L'acajou de Cuba. Très utilisé au XIXe siècle, massif ou en placage, ce bois dur casse comme du verre en cas de chute. L'espèce ayant quasiment disparue, il est devenu rare et cher, son importation étant très réglementée. Les autres acajous, importés surtout d'Afrique, sont de grain moins fin, plus fibreux et se fendent trop facilement pour faire d'excellents bois.

Bois tendres. Le peuplier est réservé à la fabrication de cache-paille et d'équerres. À la rigueur, on peut le remplacer par du sapin (planche de chantier suffisamment épaisse, ou *basting* de récupération).

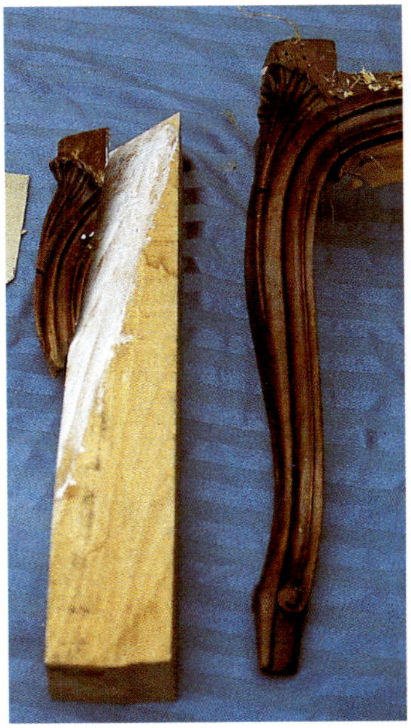

Le pied avant droit était cassé de façon irrémédiable. La partie sculptée du haut a été sciée en biais allongé. Recollée sur un bloc de hêtre, elle servira de point de départ pour le nouveau pied. Du hêtre sur un fauteuil en acajou ! En fait, ce fauteuil sans valeur (copie Louis XV récente) ne méritait pas qu'on lui sacrifie un bloc de bel acajou. Puis le pied a été teinté. Le client avait bien sûr été mis au courant de ce choix et l'avait approuvé.

Greffes de bois

Il existe deux catégories bien distinctes de restaurations : l'une vise à la robustesse d'un siège sans grande valeur, l'autre vise la conservation d'une pièce unique.

Si la restauration a pour objectif la robustesse d'un siège de valeur surtout sentimentale (le fauteuil du grand-père), commencer par vérifier, même si tout le monde le croit, qu'il s'agit ou non d'un meuble d'époque. S'il s'agit d'une copie, remplacer les éléments cassés ou vermoulus ne pose pas de problème de conscience. Mais il faut savoir que la solidité d'un siège est égale à celle de son élément le plus fragile : rien ne sert de remplacer un pied cassé par un neuf si les trois autres sont plus ou moins vermoulus. Autant racheter un fauteuil !

Mais s'il s'agit de conserver un siège d'époque, fabriqué de A à Z avec des outils à main par de fabuleux artisans (menuisier en siège, sculpteur, marqueteur...), il faut garder à tout prix le bois d'origine. La restauration sera beaucoup plus délicate, et le résultat sera peut-être d'une solidité relative. Il s'agit moins alors de prouver qu'on est bon ébéniste en remplaçant les élément abîmés par des pièces neuves que de se montrer un excellent « conservateur ».

Réparation d'une chaise cassée et vermoulue, finition cirée : étapes

La restauration s'étalera sur quatre jours au minimum

Lundi matin

Marquer avec un feutre les barreaux ou les traverses pour les repérer si nécessaire.
Démonter la face, le dossier, puis les traverses de côté (décheviller au fur et à mesure).
Réparer les éléments cassés (à la colle blanche ou à la colle de poisson).

Mardi

Séchage : 24 h minimum.

Mercredi matin

Façonner et et essayer les parties réparées.
Recoller la face et le dossier (colle chaude pour des traverses à tenon, colle de poisson pour des barreaux).
Serrage : 4 h.
Recoller les côtés. Essuyer la colle en excédent à l'éponge uniquement sur les barreaux et les assemblages très visibles.
Serrage : 4 h. Séchage : 12 h.

Mercredi soir

Traiter les parties vermoulues au xylophène.

Jeudi matin

Gratter les bavures de colle. Cheviller. Finir d'affleurer les pièces neuves et les poncer.
Mastiquer les feuillures abîmées. Séchage : 4 h.

Jeudi après-midi

Mouiller les bois neufs et les reponcer finement.
Nettoyer légèrement la chaise au Scotchbrite et à la laine d'acier.
Teinter les pièces neuves.
Patiner les chevilles et les pièces neuves avec un bâton de cire à boucher. Combler les trous les plus visibles.

Jeudi soir

Cirer avec un baume antiquaire. Brosser, astiquer.

Où se procurer le bois

Les bois sont vendus en plateaux dans les scieries ou chez les négociants. Consultez les pages jaunes de l'annuaire ou le Minitel. Si les plateaux sont vendus par grumes complètes, on peut trouver des chutes ou un plateau échappé d'une grume. Certains menuisiers acceptent de raboter et de scier des plateaux à la demande.

L'idéal est de trouver du bois «avivé», c'est-à-dire scié en planches non rabotées, de 18 mm d'épaisseur pour le remplacement des feuillures, de 27 mm pour les traverses droites, de 50 mm pour les pieds, de 70 mm pour les traverses courbes, etc.

Pour les grosses épaisseurs, il suffit de coller deux morceaux de bois l'un contre l'autre. Un collage de bois bien dressé, avec de la colle vinylique, serré par des serre-joints costauds, sera indestructible. Si le bois casse, il cassera à côté du collage, plus solide que le bois lui-même.

Certains bois anciens ont un veinage caractéristique des arbres de leur époque (il arrive que l'espèce ait évolué) et une couleur chaude difficile à obtenir avec du bois neuf. Le meilleur restaurateur de meubles est, dit-on, celui qui possède le bon bois... Récupérez tous les bouts de bois que vous pourrez trouver. Pour restaurer un siège, il est rare d'en utiliser une quantité importante. Ainsi de vieux chevrons de charpente, parfois en noyer ou en merisier, feront parfaitement l'affaire. Tout peut servir !

Relevé de manques dans le dossier sculpté d'une chaise Restauration régionale en merisier. On voit suffisamment le bois en transparence à travers une feuille de fin papier blanc.

L'assemblage de ce dossier Louis XVI avait été consolidé par incrustation d'un flippo dans une sorte de mortaise qui débouche : cela a eu pour résultat de fendre le montant. Le mal est fait. Le mieux est de nettoyer l'ancienne colle et de recoller le tout avec de la colle chaude. Une restauration plus solide enlèverait tellement de bois d'époque qu'elle n'est pas envisageable.

Quelques principes de base

Démonter. Il est plus facile d'ajuster une pièce sur un élément démonté. Dans la mesure du possible, réparer un siège quand il est en pièces détachées, puis le recoller.

Une greffe de bois neuf ne doit jamais être collée à cheval sur deux éléments. Cela empêcherait de démonter le siège par la suite. Respecter la structure d'un meuble ancien est essentiel, sinon on ne fait pas de la restauration, mais du mauvais bricolage.

Comparer un bois neuf et un bois ancien. Pour voir si un morceau de bois choisi pour la greffe ressemble à celui du siège, le raboter puis le présenter devant l'élément cassé (décapé et poncé) Les mouiller tous les deux. Puis les regarder en les plaçant comme ils seront vus quand le siège sera sur ses pieds. Comparer le veinage et les reflets des bois en regardant d'abord à partir de la droite, puis de la gauche.

Procéder par étapes, par collages successifs. Décomposer un problème compliqué en deux ou trois exercices simples permet de l'aborder plus facilement. Par exemple, plusieurs greffes imbriquées les unes dans les autres, collées en une seule fois à l'aide d'un périlleux échafaudage de serre-joints, ne peuvent qu'échouer. Au contraire, il faut coller les blocs de bois les uns après les autres, même si cela demande plusieurs jours de séchage.

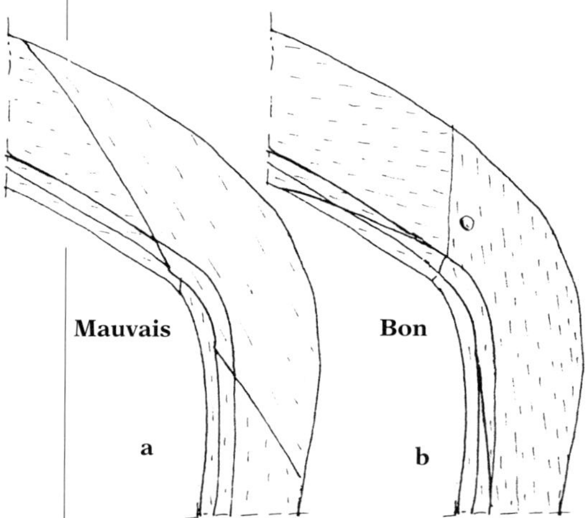

a. La plaquette rapportée est à cheval sur la traverse et le montant : cette restauration n'est pas acceptable. « C'est du boulot de gougnafier de la rive gauche ! » dirait-on dans les ateliers du faubourg Saint-Antoine (situé sur la rive droite de la Seine...).

b. Il faut réparer chaque élément séparément pour que le dossier reste démontable.

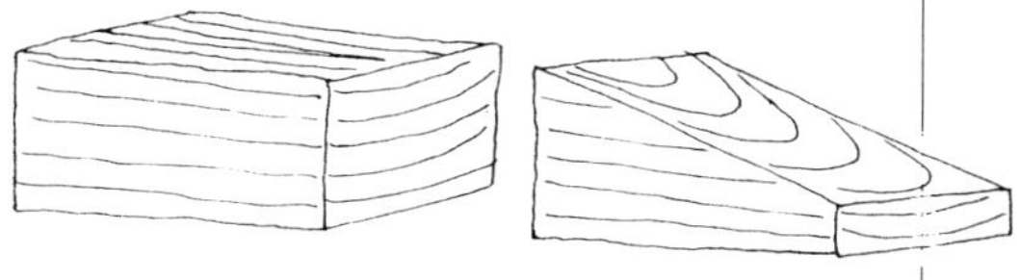

Observer soigneusement un bloc de bois massif et son veinage : ici, la surface est en veinage tendu en haut du bloc, en lignes arrondies en bas. Pour une greffe, on sciera le bois de façon à obtenir en surface le veinage qui correspondra le mieux à l'élément à restaurer.

Ne pas abuser des tourillons. Ils se doivent d'être fins par rapport au bois qu'ils sont supposés renforcer. Sinon le trou percé affaiblira l'élément en créant un point de rupture à son extrémité : le bois se découpe « suivant le pointillé » !

Un disque abrasif monté sur un touret, ou sur une perceuse fixée sur l'établi, rendent de grands services pour ajuster les pièces de bois par ponçage.

Conseils pour les collages

Choix de la colle. La colle chaude est toujours recommandée pour les assemblages. Mais quand il s'agit de coller deux morceaux de bois l'un contre l'autre qu'on n'aura aucune raison de séparer ultérieurement, la colle blanche vinylique est préférable car elle est plus fiable. Dans ce cas, on l'emploie même sur un siège ancien.

L'Araldite permet de recoller les cassures de très petites surfaces de collage. Épaisse, elle supporte un ajustement moins parfait que celui exigé par la colle blanche.

Cependant les sièges exceptionnels ou de musée seront toujours intégralement restaurés avec des colles traditionnelles pour des raisons de déontologie : colle chaude pour les assemblages, colle de poisson dans les autres cas.

Il faut rayer la surface des bois mis en contact à l'aide d'un fer de rabot à dents, où à la râpe, afin que la colle s'accroche solidement dans ces aspérités. Pour une cassure récente, propre et nette, on peut se passer de ce rayage si l'on craint d'altérer l'ajustage des deux pièces.

Collage à la colle blanche vinylique. Encoller les deux faces. Avant de serrer, attendre trois minutes (le temps de faire cuire un œuf à la coque : on peut donc utiliser un sablier !) afin que la colle imprègne le bois. Si elle est chassée trop tôt par la pression, le collage ne tiendra pas.

Si le bois est vermoulu, l'enduire de colle, attendre un quart d'heure, réencoller, puis serrer.

À propos des greffes de bois

L'évolution des colles a profondément changé l'esprit dans lequel on fait la réparation d'un élément cassé. Autrefois la forme de la pièce ajoutée devait lui permettre de tenir, même si la colle lâchait. Aujourd'hui, les colles blanches vinyliques résistent aux variations de température, et même d'humidité pour certaines (colle Sader R41 par exemple). L'objectif est alors seulement d'avoir la plus grande surface de collage possible, d'où les « coupes en sifflet allongé » (voir page suivante).

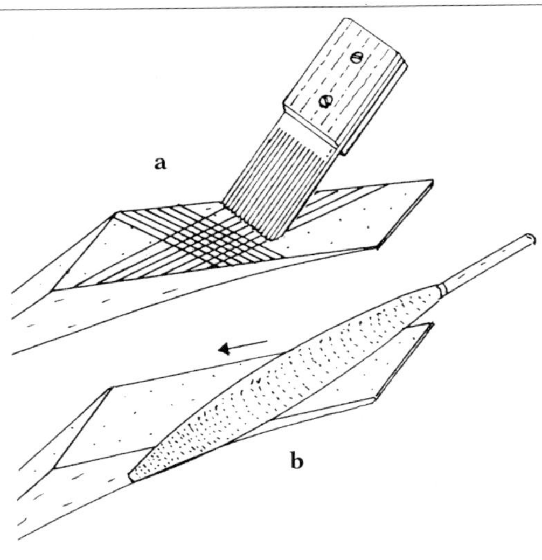

a. Rayer avec une lame de rabot à dents en croisant les passes.

b. Dressage et rayure d'une coupe avec une râpe : placer la râpe en travers et la pousser, puis la tourner pour croiser les rayures.

La colle blanche vinylique d'un pot ouvert depuis quelques semaines s'épaissit. Lui rajouter un peu d'eau pour la di-

Un collage consciencieusement réalisé sera indestructible ; si le siège recasse, il cédera à côté. Dans bien des cas, cette solution simple vaut mieux que tous les renforts savamment incrustés qui créent en fait des points de rupture.

Collages en sifflet. Les entures traditionnelles, comportant des coups de scie en travers du bois, l'affaiblissent. Grâce aux colles modernes qui autorisent des entures très simples, on obtient des greffes plus résistantes qu'auparavant. Pour toutes les coupes de bois en sifflet, on fera deux encollages successifs. En effet, le bois étant coupé en travers du fil, il est légèrement en bois de bout et pompe la colle blanche vinylique.

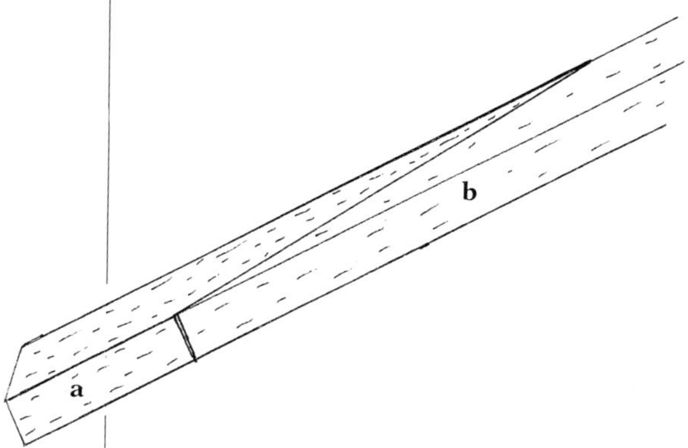

COUPE EN SIFFLET

Scier le bloc de bois à greffer (a) à sa dimension définitive + 2 mm pour permettre la finition. Ainsi le biseau sera bien souple.

Lorsque l'épaisseur de la greffe a diminue, celle de la pièce b augmente : l'assemblage sera résistant, sans amorce de rupture.

Même s'ils ne sont pas très ajustés les éléments a et b s'épouseront parfaitement sous la pression de serre-joints.

Bien serrer les extrémités des deux biseaux en les couvrant de petites cales rigides pour qu'elles ne se soulèvent pas après le collage.

Les collages en sifflet sont excellents car ils ne créent pas de point de rupture. Mais une coupe en sifflet prélève beaucoup de bois ancien. Sur un siège de grande valeur, une restauration moins radicale (mais moins solide) serait préférable : plaquettes sur le pourtour du pied, ou enture presque perpendiculaire et tourillonnée, ou encore enture à faux tenon.

Les surfaces de collage. Plus un joint est allongé, plus la surface de collage est grande, donc les efforts mieux répartis et la réparation plus solide. Ne pas lésiner sur l'épaisseur des cales de serrage afin de bien répartir la pression des serre-joints (qui doivent être très robustes).

Les cales de serrage. Après avoir serré un collage, il est impératif de vérifier que les pièces n'ont pas glissé. Les cales de serrage ne doivent pas masquer le joint en constituant un coffrage. Les scier épaisses (6 ou 8 mm environ), mais juste de la bonne dimension. Mieux vaut plusieurs petites cales qu'une grande qui cache tout.

Si une pièce est cintrée, employer comme cales de serrage deux ou trois épaisseurs d'Isorel ou de contre-plaqué de 4 mm environ.

Pour que les cales ne risquent pas de marquer un élément fragile, vermoulu ou vernis, le protéger en intercalant un carton épais. Les cales ne doivent pas être trop petites, sinon elles marqueront d'autant plus.

Les serre-joints. Les serrer d'abord à peine, puis progressivement donner un tour toutes les minutes environ. Ne les bloquer que cinq minutes après le collage. De cette façon on a moins de risque d'avoir un glissement du joint de colle qu'en bloquant les serre-joints dès le début.

Pour le serrage d'une petite pièce, des propres-à-rien coupés dans un ressort de tapissier, du ruban adhésif, une chambre à air, etc., peuvent remplacer un difficile montage de serre-joints.

Tenons cassés

Tenon récupérable

Le tenon s'est fendu en un ou deux morceaux nets. Il suffit de recoller le tenon, puis de le tourillonner en profondeur dans sa traverse, en le serrant entre des petites cales de bois pour qu'il n'éclate pas.

Tenon en peigne

Le tenon s'est émietté. Scier tout d'abord ce qu'il en reste au ras de la traverse. Puis mesurer la mortaise (largeur, longueur, profondeur) et scier un faux tenon dans du hêtre en respectant le sens du fil du bois. Serrer la traverse dans un étau. Appliquer le faux tenon à l'emplacement de l'ancien, encore un peu visible au bout de la traverse. Serrer les tenons fins entre deux petites cales pour qu'ils n'éclatent pas, le temps de percer et d'enfoncer les tourillons.

Percer un trou dans le faux tenon, avec une mèche de diamètre légèrement inférieur à sa largeur. Le trou doit s'enfoncer dans la traverse de trois ou quatre centimètres. Si l'on est seul, tenir d'une main le faux tenon, bien perpendiculaire au bout de la traverse (un tenon est toujours perpendiculaire aux arasements), et percer de l'autre : ce n'est possible qu'avec une perceuse assez légère pour être saisie d'une main.

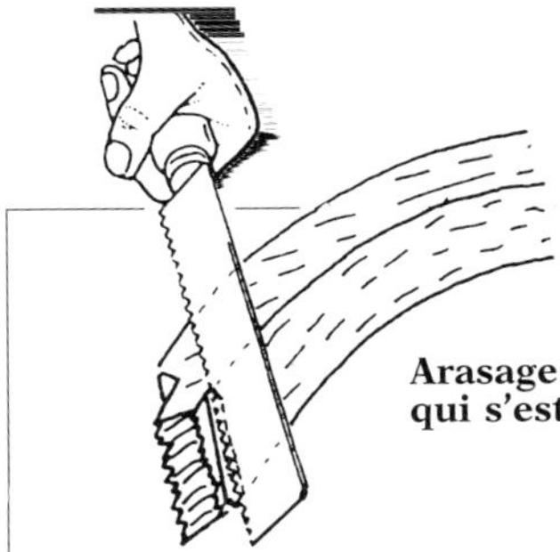

Arasage d'un tenon cassé qui s'est émietté.

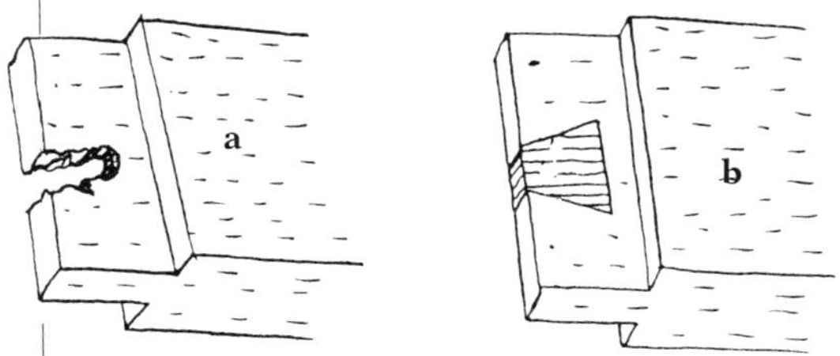

a. Tenon éclaté au niveau de la cheville.

b. On le répare avec une petite pièce en forme de queue d'aronde.

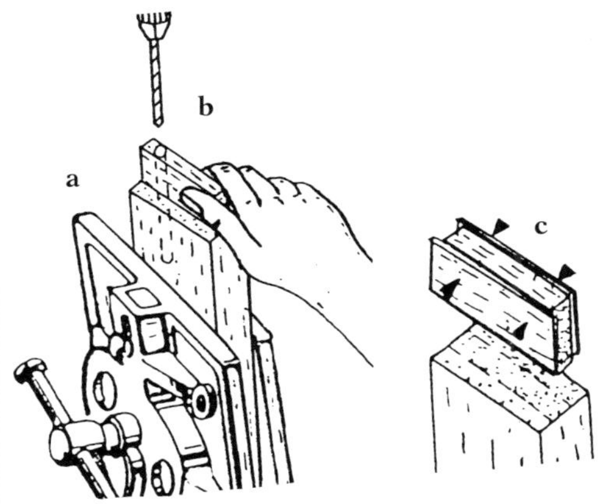

Fabrication d'un tenon en peigne.

a. Placer le sens du bois perpendiculaire à celui de la traverse.

b. Perçage du logement du premier tourillon.

c. Si le tenon est fin, le serrer entre deux cales avant de le percer pour qu'il n'éclate pas.

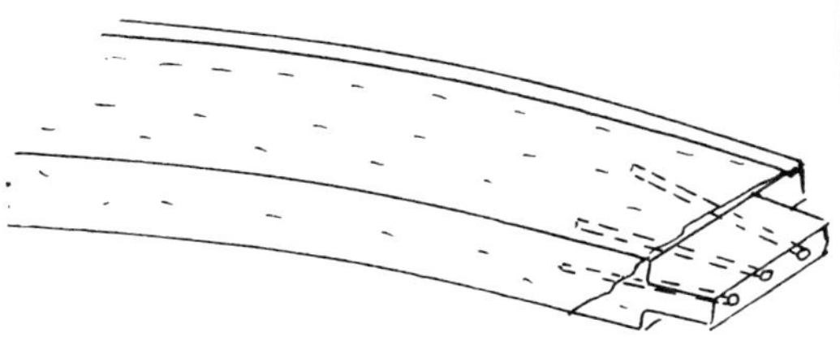

Le tenon de cette traverse avait été cassé. Après recollage, renforcer avec des tourillons.

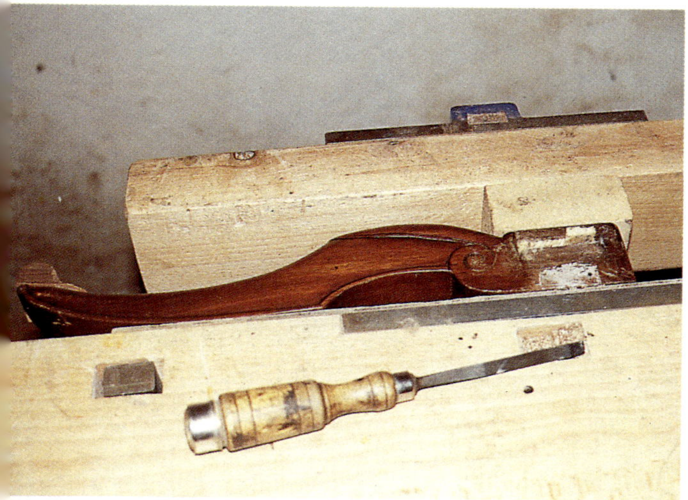

Pied d'acajou en jarret stylisé, d'époque Restauration. Le tenon de la traverse a cassé dans la mortaise . La première étape consiste à l'extraire avec un ciseau à bois de la largeur de la mortaise. (Remarquer la pièce posée en bout de pied).

Il faut préparer le tourillon en le rayant au rabot à dents, et en le râpant à son extrémité pour lui donner de l'entrée. Dans sa longueur, on peut creuser une petite gorge en V qui permettra l'évacuation de l'air et de la colle en surplus. Encoller le trou fait précédemment et enfoncer au marteau le segment de tourillon enduit de colle.

Repercer et enfoncer un autre tourillon, puis trois ou quatre selon la place disponible. Il est préférable que les trous n'aient pas tous la même profondeur, la traverse n'en restera que plus solide.

Donner de l'entrée au tenon en cassant ses arêtes et l'essayer. Le rectifier au besoin au ciseau à bois, au guillaume (petit rabot) ou à la râpe pour qu'il entre dans la mortaise en forçant à peine.

Certains tenons sont moins larges que le bout de leur traverse, le décrochement s'appelle un épaulement. L'objectif est de ne pas affaiblir à l'excès le montant par une mortaise trop importante, en particulier pour les pieds avant.

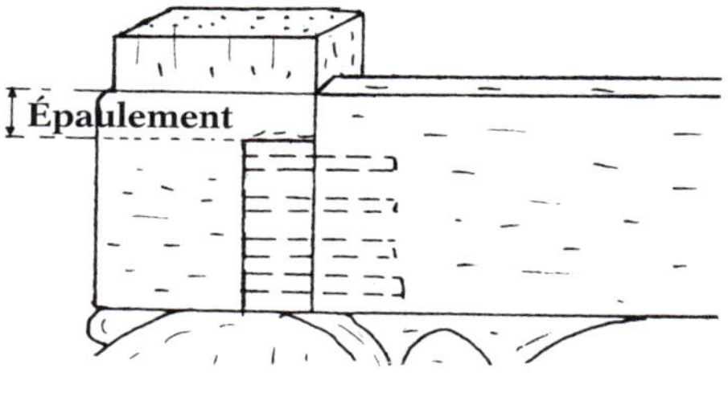

Un épaulement évite de trop affaiblir la tête de pied.

Tenon à pigeon

Ce faux tenon s'enfonce dans une mortaise pratiquée au bout de la traverse. Délicat à réaliser, il doit être extrêmement bien ajusté. Il affaiblit l'extrémité d'une traverse davantage qu'un tenon en peigne. Il est réservé aux traverses larges et épaisses (d'armoire par exemple), et on l'utilise donc très rarement pour un siège.

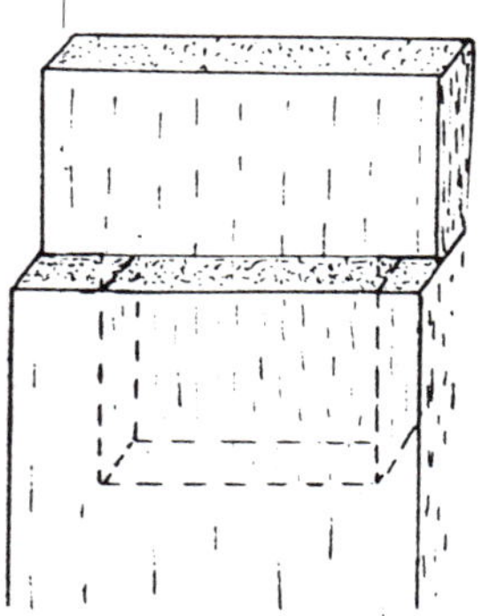

Tenon à pigeon enfoncé dans une mortaise pratiquée en bout de traverse. Ce type de faux tenon est réservé aux larges traverses car il les affaiblit.

Tenon en peigne traditionnel

Comme le tenon à pigeon, il s'enfonce dans la traverse, mais dans deux ou trois trous ronds (ce qui est plus solide qu'une mortaise). Voir croquis page 67.

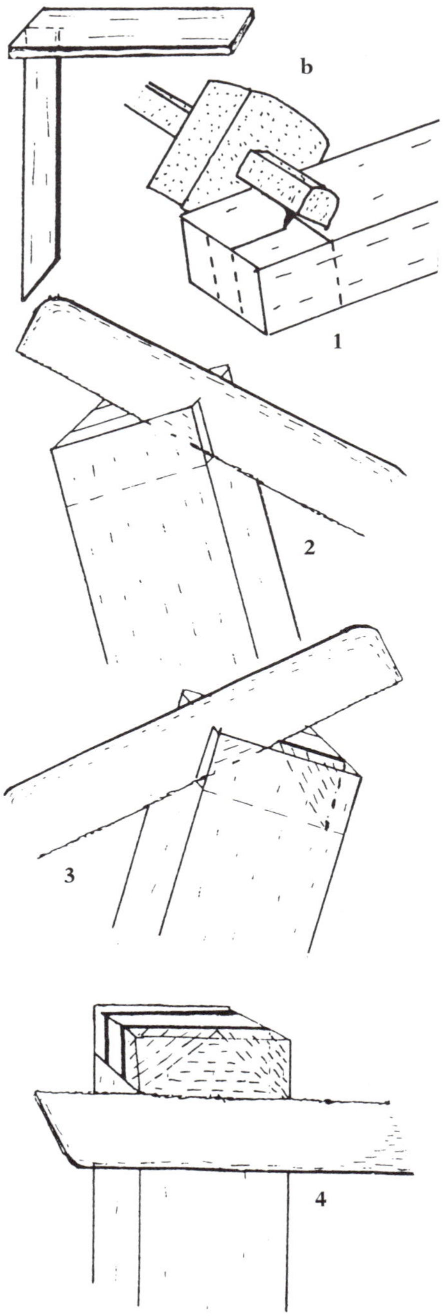

DESCENTE D'UN TENON

L'auteur descend un tenon avec une scie à cadre (ou scie à tenons). En restauration, un outillage à main suffit la plupart du temps. Sur l'établi, à gauche du ciseau à bois, on voit un trusquin.
1. Tracer la traverse avec une équerre à chapeau (a) et un trusquin (b).
2. Scier la joue en biais jusqu'à la moitié.
3. Retourner la traverse et scier l'autre moitié en biais.
4. Placer alors la scie horizontalement pour scier le triangle qui reste. Puis scier l'arasement.

N.B. *Il est indispensable de tester un tourillon avant de l'utiliser. Regarder si le fil du bois est bien dans le sens de la longueur. S'il part en travers, il cassera : le mettre de côté, il pourra servir pour faire des chevilles (qui, lorsqu'un siège est convenablement collé, ne servent plus qu'à l'esthétique).*

Ne jamais faire un enfourchement, tentant parce que facile à scier, mais la traverse éclaterait rapidement. En outre, il faut garder le maximum de bois ancien : une restauration ne doit pas se voir, même en dessous du siège.

Enfourchement décollé. Ce type de faux tenon affaiblit trop l'extrémité de la traverse.

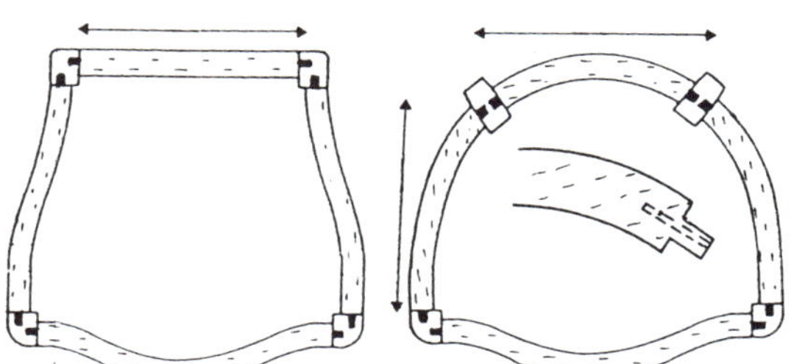

Dans un siège cabriolet à dossier cintré, les tenons arrière ne sont pas dans le fil du bois (indiqué par les flèches). Cela diminue leur solidité. Sur les sièges modernes, certains fabricants tourillonnent ces tenons par mesure de protection. Nous pouvons faire de même.

Traverses abîmées

Éclat en bout de traverse chantournée

Raboter la surface abîmée, en conservant un bout du tenon. Allonger la coupe le plus possible. Coller un bloc de bois. Tracer le tenon avec une petite équerre, en se guidant sur le bout de tenon qui reste, puis le scier.

Engager la traverse dans la mortaise du pied et dessiner le raccordement du chantournement sur le bloc de bois. Scier le bloc en gardant une marge de 2 mm pour la finition à la râpe. Toutefois sur un siège d'époque XVIIIe, il est préférable de laisser le dessous de la pièce brut de sciage à la main, cela fera plus ancien. Dans ce cas, scier sur le trait de crayon.

Traverse cassée à une extrémité. Recoller d'abord le bout cassé afin de conserver un morceau de tenon ancien. Puis procéder comme précédemment.

Fauteuil Louis XVI. Une des extrémités de la traverse avant était cassée, elle a été remplacée par une pièce de hêtre.

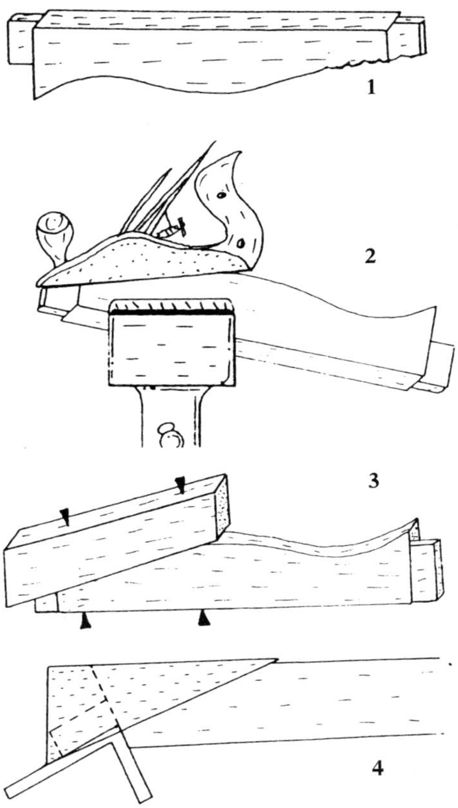

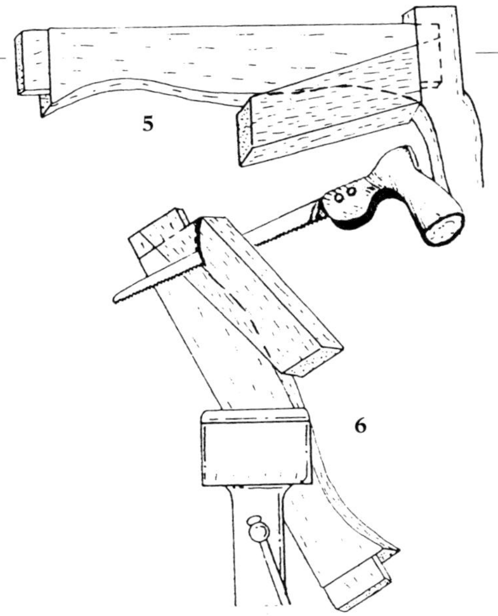

1. Traverse chantournée dont un bout (à droite) est abîmé. Il reste une partie du tenon.

2. Raboter la surface abîmée, en conservant un bout du tenon. Allonger la coupe le plus possible.

3. Coller un bloc de bois.

4. En se guidant sur le bout qui reste, tracer le tenon sur le bloc de bois avec une petite équerre, puis le scier.

5. Engager la traverse dans la mortaise du pied et dessiner le raccordement du chantournement sur le bloc de bois.

6. Scier le bloc en gardant une marge de 2 mm pour la finition à la râpe.

Traverse avant ou arrière. Si l'un des tenons a disparu, fabriquer un calibre dans du carton : les deux tenons sont en principe alignés selon une droite, et sont toujours perpendiculaires à l'extrémité (l'arasement) de la traverse. Ce calibre permettra de tracer la greffe de bois.

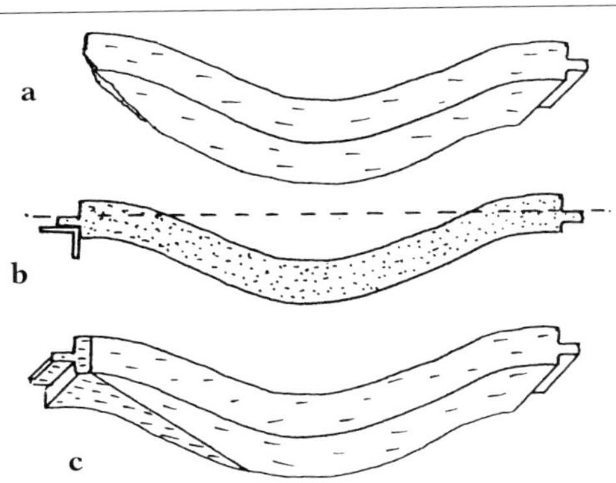

a. Traverse cassée à une extrémité.

b. Calibre en carton : les deux tenons sont alignés, et perpendiculaires à l'extrémité de la traverse.

c. La traverse avec la greffe.

Si toute l'extrémité de la traverse a disparu, remonter le siège. Mesurer la longueur de la traverse, marquer son milieu, et relever un calibre de la moitié intacte. Puis, par symétrie, tracer toute la traverse.

Traverse de côté. Inutile de faire un calibre. On se sert de la traverse de l'autre côté, toujours symétrique, pour tracer le nouveau tenon.

Traverse rectiligne cassée

Si le siège est ancien, il vaut mieux la rapiécer que la remplacer. Pour tracer le nouveau tenon, il suffit de mesurer sa longueur.

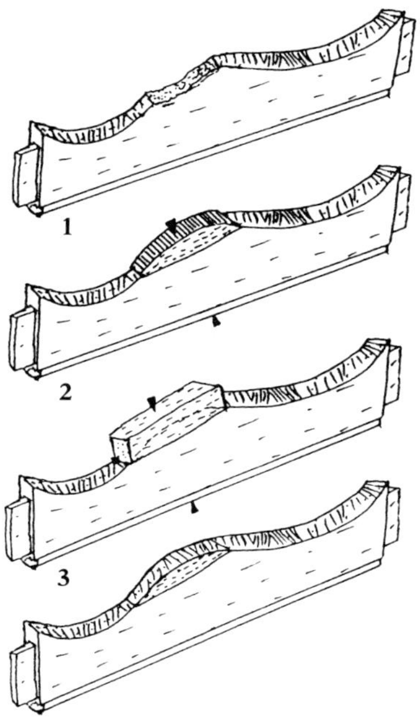

BOIS VERMOULU

1. Cette traverse a sans doute été débitée au bord d'un plateau de bois fruitier : le bas, pris dans l'aubier, est attaqué par les vers qui aiment le bois tendre. Il y a deux façons de poser une pièce sur un élément vermoulu.

2. Scier à la machine une pièce à peine plus grande que le manque (1 mm de marge) et finir de l'ajuster à la râpe.

3. Coller un bloc de bois plus gros et le scier manuellement. Cette méthode est à recommander pour un siège XVIIIe : les traces de sciage à la main correspondront aux traces anciennes du reste de la croûte.

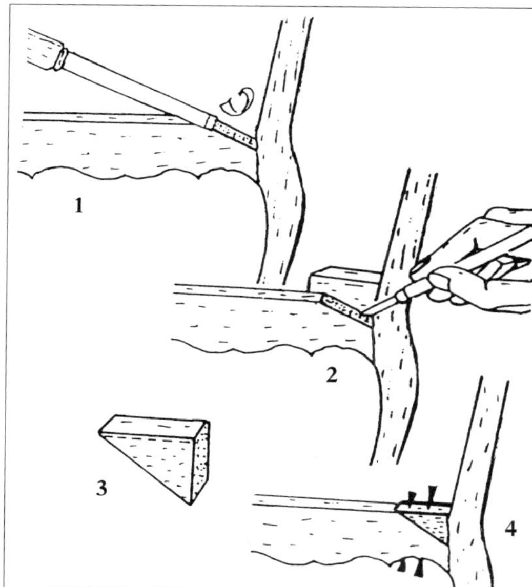

GREFFE SUR LA TRAVERSE D'UN SIÈGE NON DÉMONTÉ.
Il est plus facile de façonner ce genre de petites greffes avant de les coller plutôt que de les scier de nouveau une fois en place.
1. Aplanir la partie cassée au ciseau à bois.
2. Appliquer un bloc de bois et y tracer les contours de la pièce. Ajuster les joints au rabot (ou sur un disque abrasif monté sur une perceuse ou un touret).
3. Scier la pièce en prenant seulement 2 mm de marge par rapport au tracé.
4. La coller. Le lendemain, l'ajuster à la râpe. Finir au papier de verre. La teinter au besoin.

Collage d'une petite pièce dans un coin ébréché.

Serrage d'un bloc de bois en long biseau au bout d'une traverse.

Le dessous des pièces rapportées est laissé brut de sciage ou brut de râpe. Jusqu'au milieu du XIXe siècle, les bois étaient sciés à la main. La *croûte* des sièges ne doit jamais être altérée, ce sont ces intérieurs de ceintures qui permettent la meilleure authentification.
Pour le façonnage de greffes (à la gouge, au ciseau, au burin ou à la râpe), le fauteuil est solidement fixé à l'établi. « Quand la pièce est fixée, le travail est à moitié fait ! ».
L'auteur utilise ici une râpe longue et large dite *piquée à la main*.
Le mouvement doit être ample et toute la longueur de la râpe utilisée : « Tu as acheté toute la lame (ou toute la râpe) ». On ne doit donc pas entendre un bruit de grignotage, mais un son régulier.

Mortaises éclatées

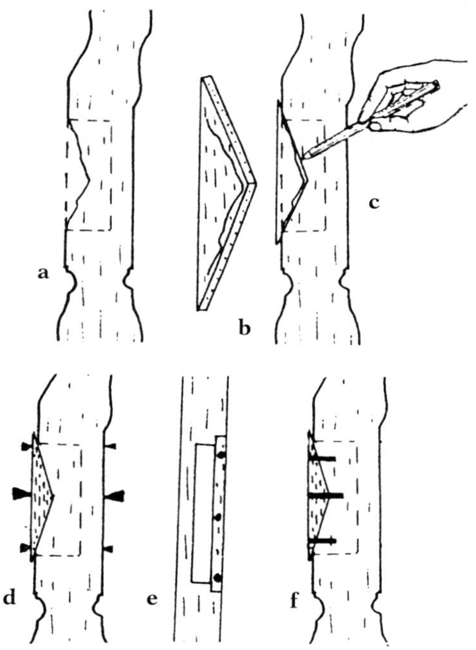

Greffe de bois pour remplacer une joue de mortaise éclatée. Le morceau s'est perdu ou est inutilisable, peut-être parce qu'il a déjà été (mal) recollé. Le croquis e montre la réparation terminée.

Le morceau cassé a été perdu

1. La joue de la mortaise est éclatée. Le morceau cassé a été perdu. (croquis a)

2. Relever l'empreinte par frottage. Placer un papier sur la cassure et frotter avec un ongle : le contour de l'encoche s'imprime. Tracer sur le papier un V allongé un peu plus grand que la cassure. (On peut aussi tracer le V à vue sur la planchette, mais dans le cas de montants fins, un relevé précis est indispensable).

3. Scier une planchette du même bois que le siège, 2 mm plus épaisse que la joue de la mortaise. Coller le relevé dessus, en respectant le sens du fil du bois. Scier la pièce en suivant le tracé du V et raboter les coupes. (croquis b)

3. La poser sur la mortaise et en tracer l'emplacement. (croquis c)

4. Découper l'encoche du montant. Scier les bords du V sur 1 ou 2 mm avec une petite scie. Faire sauter cette épaisseur au ciseau à bois. Scier plus profondément, faire sauter une autre épaisseur, etc.

5. Encoller la pièce et la serrer dans son logement : un serre-joint au milieu, et deux sur les côtés pour appliquer les fines extrémités du V. Grâce à sa souplesse, le bois, même ajusté à peu près, épousera exactement l'encoche du montant. (croquis d)

6. Le lendemain, affleurer la pièce au rabot. Engager le tenon dans la mortaise, la reprendre au ciseau s'il coince.

7. Si elle est assez épaisse, cette joue rapportée peut-être renforcée par des petits tourillons de 4 mm. (croquis e et f)

Creuser une mortaise neuve

On peut creuser une mortaise soit avec un bédane (épais ciseau à bois prévu pour cela), soit en perçant des trous et en finissant au ciseau, soit à la défonceuse, ou encore à la mortaiseuse.

Traçage d'une pièce en V allongé sur la joue d'une mortaise.

Ajustage d'une greffe sur un dossier non dégarni. On descend petit à petit l'encoche en V avec une scie à placage et un ciseau à bois.

Percer plusieurs trous un peu plus petits que l'épaisseur de la mortaise. Finir de creuser au ciseau à bois.

Haut de montant de dossier

On rencontre malheureusement souvent des montant savamment consolidés par des clous. Il n'y a alors pas d'autre possibilité que de scier la partie détériorée et de coller une masse de bois. Cela peut paraître impressionnant, mais si l'on a relevé le tracé du montant sur un calibre en carton, retracer sa forme est facile.

Après avoir scié la forme de la pièce sur le trait, monter le dossier à blanc pour tracer l'emplacement de la mortaise. La creuser en pratiquant des petits trous avec une perceuse, finir au ciseau à bois. Recoller le dossier et reprendre la mouluration à la gouge.

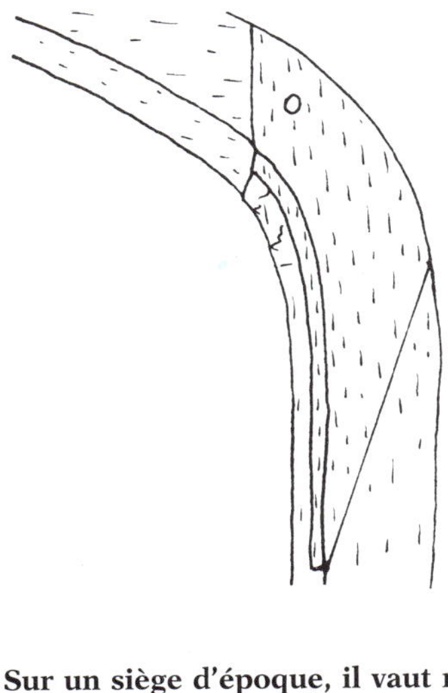

Sur un siège d'époque, il vaut mieux commencer par recoller soigneusement tous les morceaux (exiger du tapissier qu'il les récupère en dégarnissant).
Renforcer ensuite le montant en ajustant par derrière une plaquette de l'épaisseur de la mortaise. Ainsi, vu de face, le fauteuil sera entièrement d'origine.

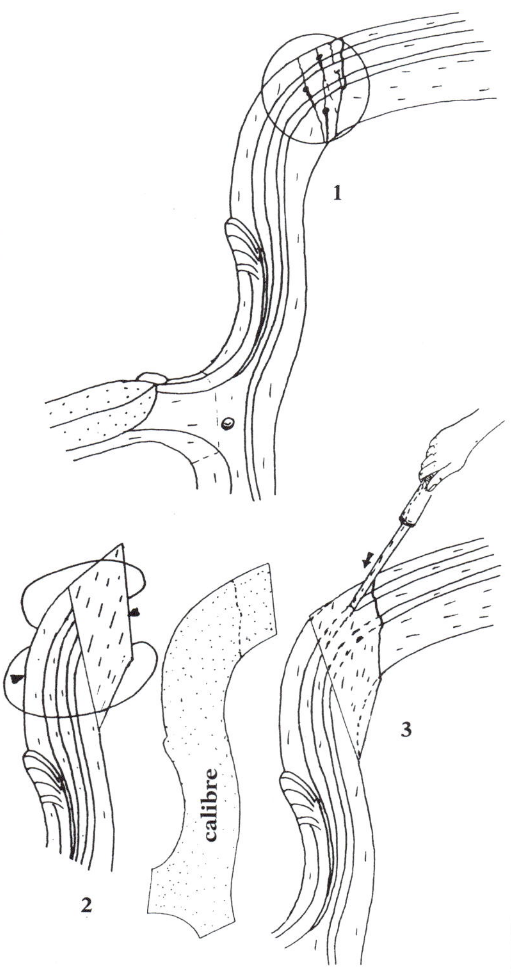

1. Extrémité de montant éclatée par des clous, et devenue irrécupérable (il s'agit bien sûr d'un cas extrême).

2. Relever la forme du montant en fabriquant un calibre en carton avant de le scier, ou se servir de la forme de l'autre montant.

3. Les raccords de moulure seront faits à la gouge lorsque le dossier sera collé et chevillé.

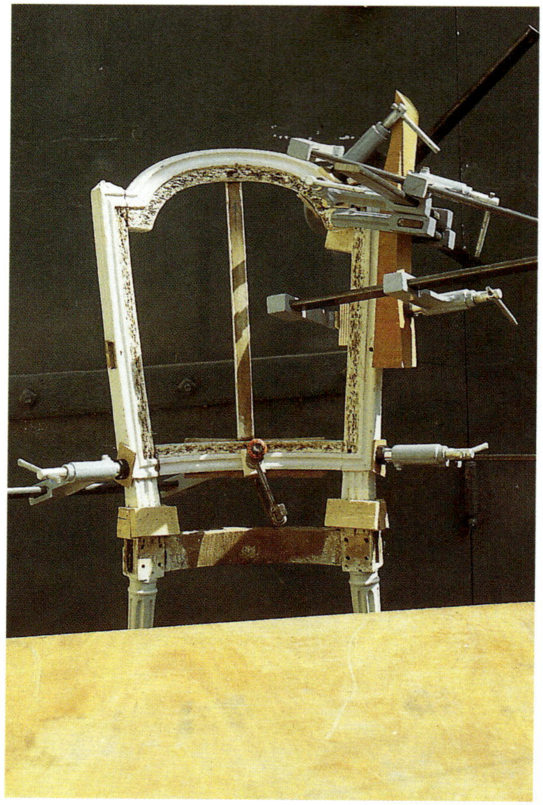

Serrage d'un haut de dossier Louis XVI cassé. Une longue cale serrée au milieu du montant permet de placer un serre-joint tout en haut.

Fauteuil époque Restauration :

1. Coupe en biais et à 90°.

2. Collage d'un bloc de bois.

3. Montage à blanc du siège.

4. Recollage. Observez la position des serre-joints : ils s'appuient les uns sur les autres pour ne pas glisser.

1

2

3

4

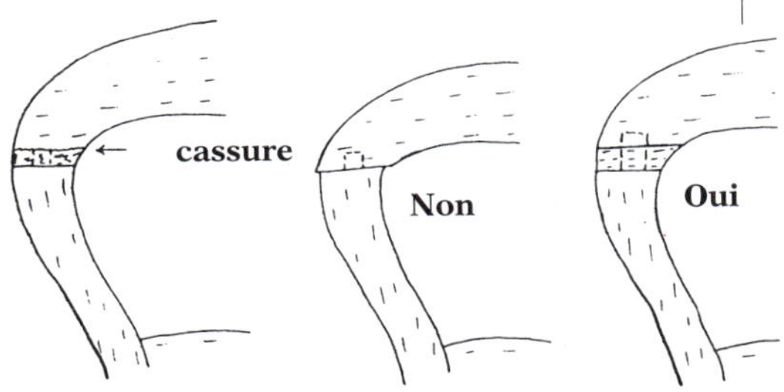

DOSSIER EN ANSE DE PANIER
S'il est cassé au niveau du tenon, ne pas le diminuer en espérant le râper pour reprendre l'arrondi ! Refaire une pièce et prolonger le tenon en creusant une mortaise plus haut dans l'anse de panier.

Restaurations malheureuses

Certains anciennes réparations peuvent laisser rêveur. On m'a ainsi confié un dossier qui avait été raccourci (croquis ci-dessus, au milieu) parce qu'il s'était rompu au niveau des mortaises. Certes, il est facile de pratiquer de nouvelles mortaises, mais celui qui est capable de les creuser peut tout aussi bien refaire la partie cassée.

Quand aux greffes métalliques vissées, elles prennent du jeu au bout de quelques temps. Seul du bois collé sur du bois résiste à des efforts prolongés.

Montants et pieds cassés

Les montants cèdent au niveau des assemblages, à l'endroit où ils sont affaiblis par les mortaises. Après avoir démonté le siège, commencer par recoller le montant cassé. Tracer un V allongé au niveau de la cassure et le scier.

Au rabot ou à la râpe, dresser les coupes des deux parties du montant. Finir au rabot à dents, en insistant au milieu pour ne pas les arrondir.

Le morceau de montant découpé constitue un gabarit, auquel il manque environ 4 mm (2 x 2 mm) que les dents de la scie ont absorbés sur leur passage. Scier une pièce identique à ce gabarit (plus 4 mm) dans un bois légèrement plus épais que le montant (pour le cas où elle glisserait pendant le serrage), en respectant le sens du fil du bois. Coller la pièce dans son logement.

Le lendemain, raboter ses faces. Si le montant est cintré, utiliser un wastringue (petit rabot incurvé, muni de deux poignées, qui permet d'épouser les courbures).

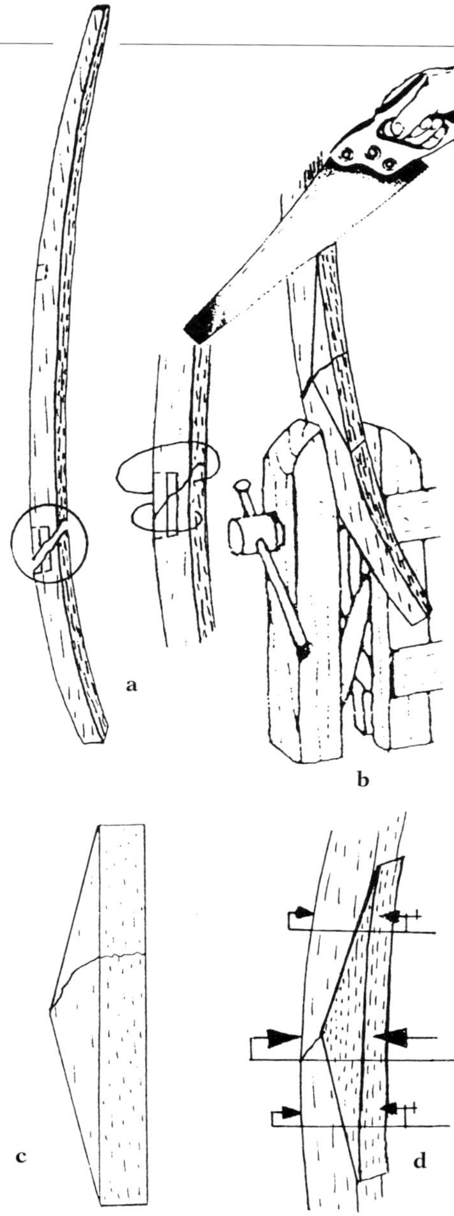

MONTANT CASSÉ
a. Recoller sommairement la cassure.
b. Scier l'arrière du montant en V allongé.
c. Se servir de la pièce sciée comme gabarit pour en découper une neuve dans un plateau de bois (ajouter 3 mm qui seront mangés par les dents de la scie).
d. Coller la pièce.

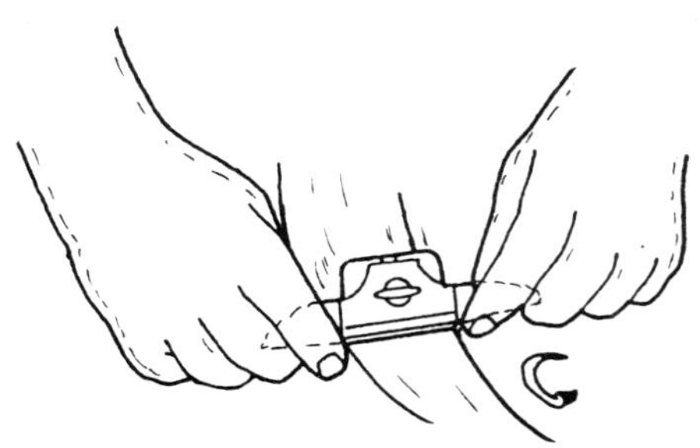

Rabotage d'un élément cintré avec un wastringue.

Si la greffe a rebouché totalement les mortaises, poser, pour les tracer, le montant intact à côté de celui que l'on répare. Mais dans la mesure du possible, scier le montant de façon à en conserver un petit angle qui servira de point de départ pour tracer la nouvelle mortaise sur la greffe de bois. Ce tracé doit être parfait. « Qui siffle au traçage, pleure au montage ! »

Perçage d'une mortaise

Pour percer une mortaise juste à la bonne profondeur, percer un carré de bois de façon à ce que la mèche dépasse de la perceuse de la longueur voulue.

Les mortaises sont toujours percées perpendiculairement aux montants.

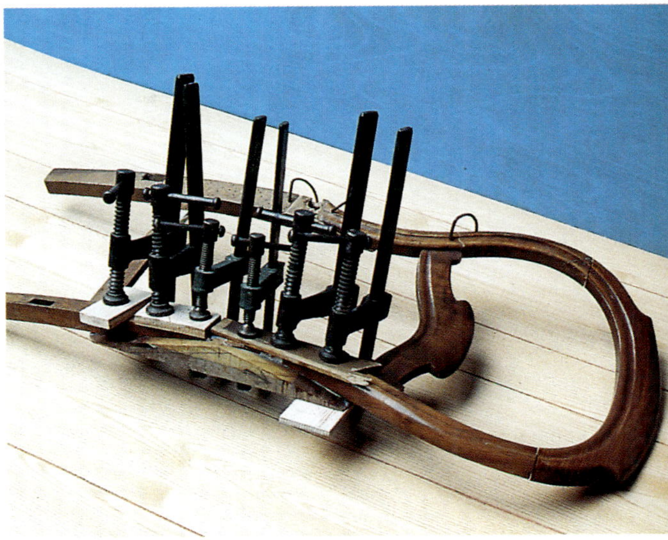

Greffe en V allongé sur un montant de dossier non démontable.

Siège sans valeur. Coller une plaquette sans faire d'encoche. Cette solution n'est peut être pas très esthétique, mais elle est facile à réaliser.

Renfort d'un siège de collection

On peut renforcer un siège en fixant une plaquette sur le montant succinctement recollé. Ce type de réparation est réservé aux sièges de collection qui sont peu ou pas du tout utilisés. Incruster une plaquette affaiblit le montant, le résultat n'est pas très solide. Mais un maximum de bois ancien est conservé.

Scier le montant le long des bords de la plaquette, en la serrant sur le montant. Creuser l'épaisseur au ciseau et à la râpe. Si on avance cette plaquette de quelques millimètres (pour les deux traits de scie), elle coïncidera exactement avec son logement. Sur la plaquette, prolonger les défauts du montant s'il en comporte : usure, rayures, etc.

On peut ajuster deux ou trois plaquettes autour du montant sur la même cassure, à condition bien sûr de ne pas placer leurs coupes à la même hauteur car cela créerait un point de rupture.

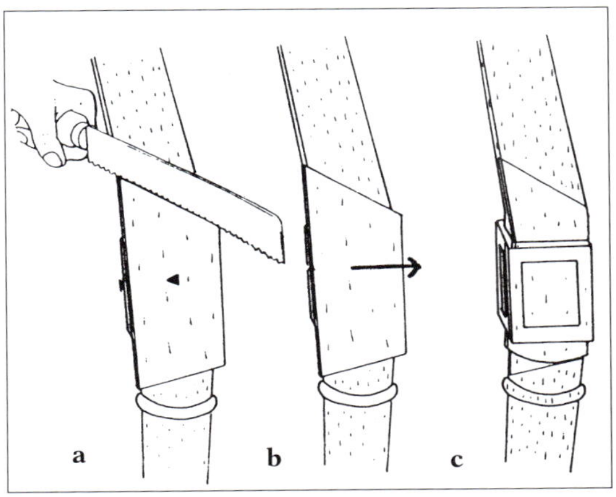

SIÈGE DE COLLECTION

Pour renforcer ce montant de siège Louis XVI, on ajuste une plaquette de 10 mm d'épaisseur sur le côté cassé.

a. Fabriquer la plaquette, un peu plus large que le montant. La fixer sur le montant et scier le long de ses deux bords.

b. La décaler sur le côté : l'espace pris par la morsure des dents de la scie se comble. La coller avec plusieurs serre-joints.

c. Façonner le dé. Le pied est prêt à être remonté, chevillé, et à recevoir sa rosace.

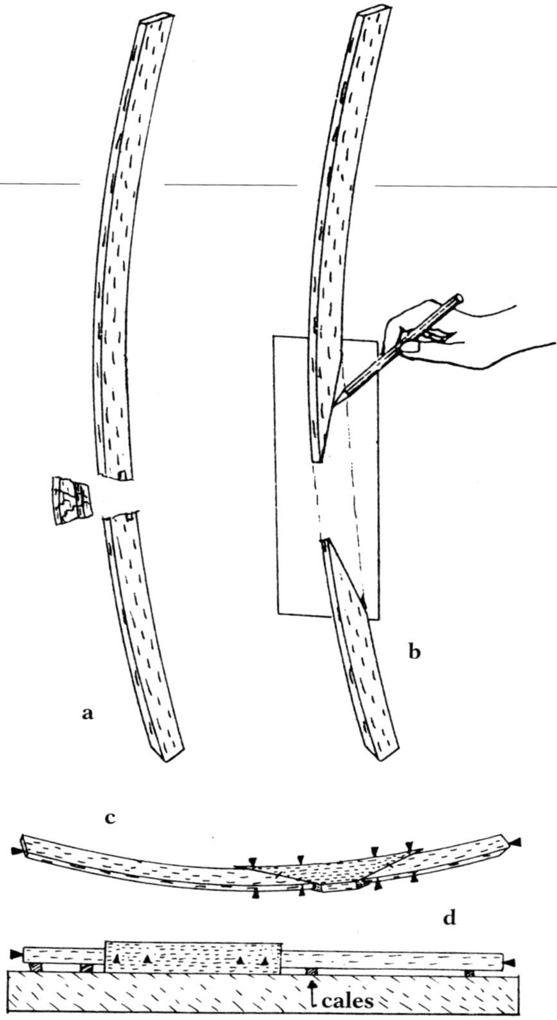

MONTANT ÉCLATÉ

Même un recollage provisoire est impossible, car le morceau cassé n'est pas récupérable.

a. Avec une craie, tracer le contour de l'autre montant sur l'établi ou sur un panneau. Puis scier deux coupes en biais allongé sur le montant cassé.

b. Placer le montant cassé sur le tracé, glisser une feuille de carton sous les coupes. Tracer la forme du bloc de bois à débiter : voilà un gabarit.
Scier le morceau de bois, en prenant plusieurs millimètres de plus en longueur et en épaisseur par sécurité.

c. Le coller en plaçant ce montant sur le tracé (à la craie) de l'autre afin de respecter sa forme et sa longueur. Pour que la pièce ne glisse pas pendant le serrage, serrer progressivement les serre-joints (un tour toutes les minutes).

d. Un grand serre-joint placé dans le sens de la longueur aide aussi à ne pas se décaler. Des fines cales rattrapent la différence d'épaisseur entre le montant et le bloc de bois neuf.

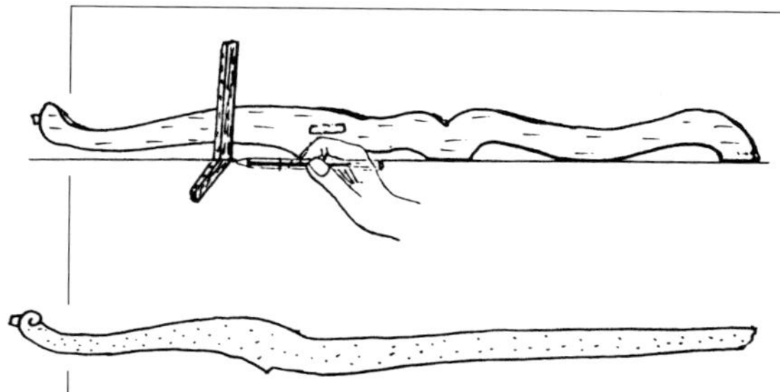

Pour tracer le calibre d'un montant qui n'est pas plat, marquer, avec une équerre, un petit trait tous les 2 cm. Rejoindre ces traits pour obtenir la courbe du montant.

RESTAURATION D'UN MONTANT DE DOSSIER D'UN FAUTEUIL DIRECTOIRE

1. Le montant de dossier est éclaté au niveau des mortaises. Le client veut du solide et le fauteuil sera relaqué. On choisit donc une méthode radicale.

2. Coupe en biais allongé de la partie abîmée avec une scie à ruban.

3. Dressage au rabot de la coupe.

4. Brettage de la coupe avec un fer de rabot à dents.

5. L'autre montant est posé sur un plateau de hêtre afin d'en tracer le pourtour.

6. La partie conservée du montant cassé est posée sur le dossier pour tracer la coupe.

7. Collage des deux parties du montant avec de la colle blanche. Pour ne pas se décaler, le collage suit le tracé à la craie.

8. Traçage des mortaises en copiant sur l'autre montant. Puis creusage (voir page 74). Le bois du siège restauré et recollé, avant peinture, est montré page 16.

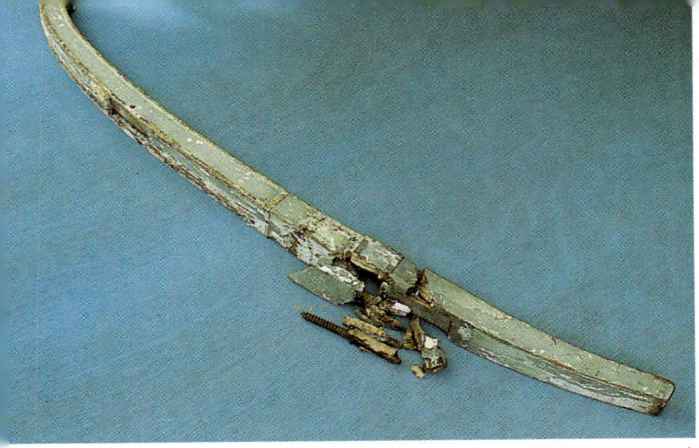

1

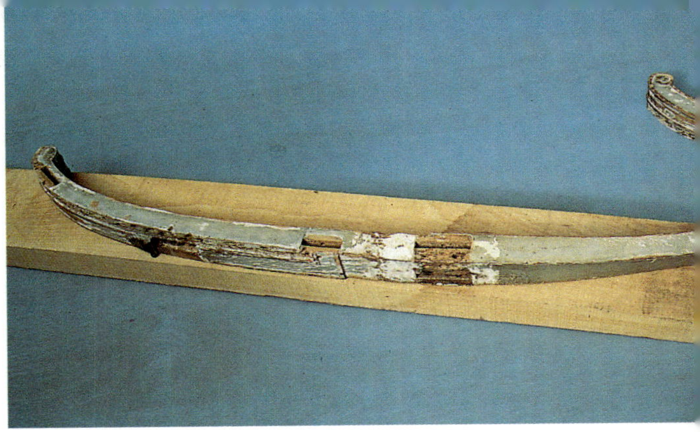

5

2

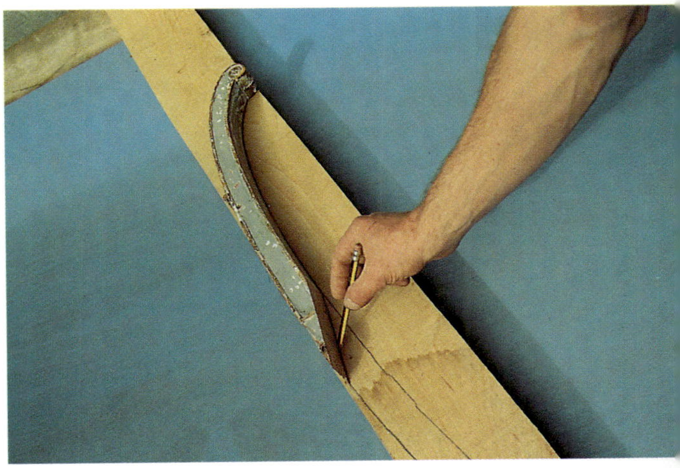

6

7

3

8

4

Sièges paillés

Pour une solidité maximum, le principe de greffe choisi pour un montant est un sifflet très allongé (voir pages 66 et 78). Percer les trous des traverses en serrant le montant dans un étau pour que la mèche ne le fasse pas éclater. Enfoncer l'un des barreaux : il indiquera l'orientation du perçage.

Pour râper l'extrémité d'une traverse de chaise paillée, une butée en bois est très utile. Elle a d'ailleurs bien d'autres usages dès qu'il s'agit de couper ou façonner un bout de bois. Elle pivote pour s'escamoter en position horizontale, sans dépasser de l'établi.

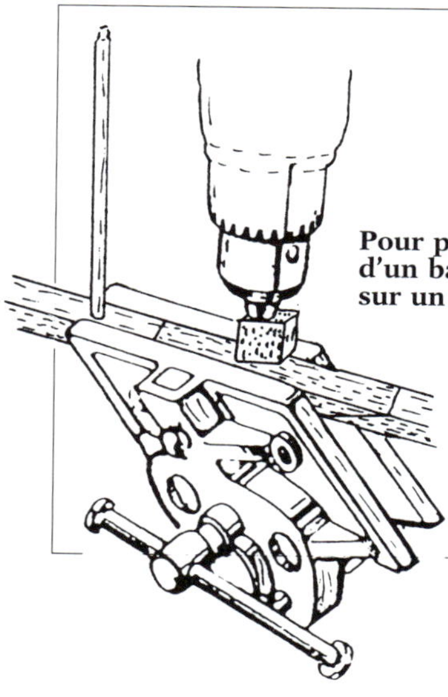

Pour percer le logement d'un barreau, s'aligner sur un barreau existant.

Bas de pieds cassés

Une coupe en long sifflet (croquis b) est sans conteste la réparation la plus solide, mais elle peut parfois demander un important travail de sculpture et donne un pied qui n'est plus entièrement d'époque.

Il est plus rapide de recoller le bas du pied et d'enfoncer un tourillon de 16 mm environ. Cela conserve le bas du pied mais crée une amorce de rupture en haut du tourillon.

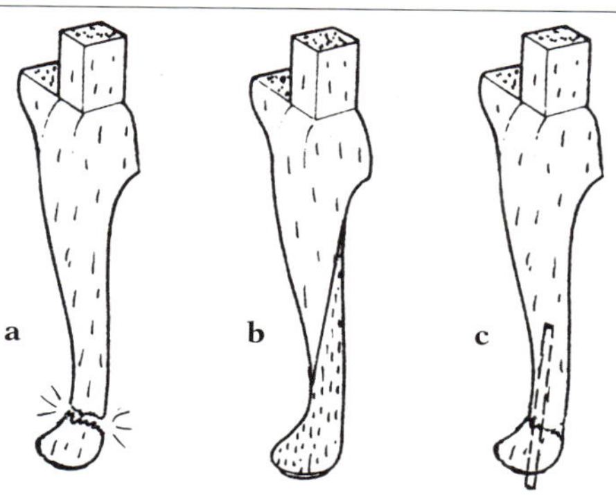

Réparation d'un bas de pied cassé.
a. Cassure
b. Réparation en sifflet.
c. Tourillonnage.

Préparation d'un tourillon

Rayer le tourillon avec une lame de rabot à dents, et lui donner de l'entrée à la râpe. Pratiquer sur toute sa longueur une petite gorge en V avec un burin de sculpteur (gouge en V) qui évacuera le surplus d'air et de colle.

Avant d'employer un gros tourillon, vérifier son diamètre avec un pied à coulisse. Un tourillon annoncé en 16 mm de diamètre peut parfois en faire 16,5 ! Percer une chute de bois au bon diamètre et essayer de l'enfoncer pour vérifier. S'il coince vraiment, le bout de pied risque d'éclater. Agrandir légèrement le trou en fourrageant avec la mèche de la perceuse, ou raboter légèrement le tourillon.

1

2

4

3

FAUTEUIL LOUIS XIV

Une traverse d'entretoise et un pied avant sont vermoulus.

1. Sciage d'une traverse d'entretoise avec une scie à chantourner.

2. Débits d'une traverse d'entretoise et d'un pied avant en bois neuf. On voit à côté les pièces d'origine.

3. Mortaisage du pied à la machine. La mortaise sera finie au ciseau à bois.

4. Recollage du fauteuil équipé de ses deux éléments refaits. Remarquez en haut du dossier une ancienne restauration très bien réalisée avec deux greffes en sifflet qui n'ont pas bougé.

1

2

3

PIED LOUIS XV
1. Pose d'une greffe en V allongé sur l'arrière d'un pied Louis XV allongé cassé. Une fois scié, le pied est replacé provisoirement sous le fauteuil. Un calibre en carton est ajusté.
2. Collage de la pièce de bois.
3. Façonnage de la greffe avec un petit rabot. Remarquer le berceau en bois recouvert d'un carton, sur lequel est serrée la traverse arrondie.

REMPLACEMENT D'UN PIED CANNELÉ
1. Le pied cassé est remplacé par une greffe en sifflet. Le bas de pied, conservé, est placé provisoirement pour pouvoir mesurer la longueur.
2. Rabotage de la greffe pour l'arrondir.
3. Creusement des cannelures avec une gouge.
4. Le bas du pied est collé sous la greffe, puis tourillonné.

1

2

3

4

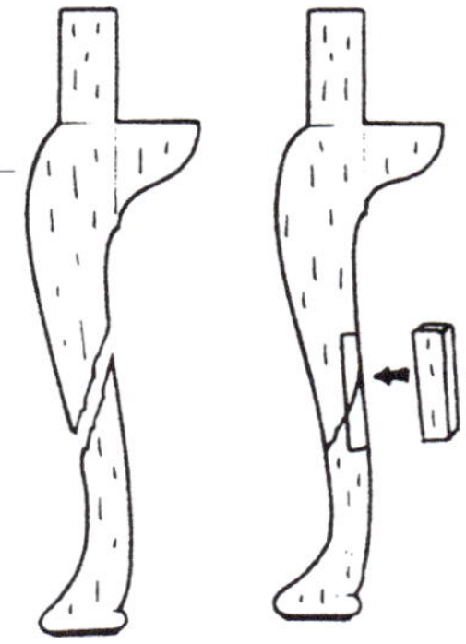

Ce type de réparation (recollage et faux tenon ajusté dans une mortaise) conserve le pied, mais l'affaiblit. Tout dépend de la valeur du siège et de l'utilisation qu'on en fera.

a

b

a. Enture traditionnelle difficile à ajuster mais qui perd moins de bois ancien qu'une coupe en sifflet allongé.

b. Enture savante qui empêche le bois de glisser vers le bas, mais crée deux amorces de rupture. Cependant un excellent collage à la colle blanche vinylique (deux encollages à 10 mn d'intervalle) maintenu par un serrage sérieux ne glisse pas. Ces deux décrochements sont inutiles.

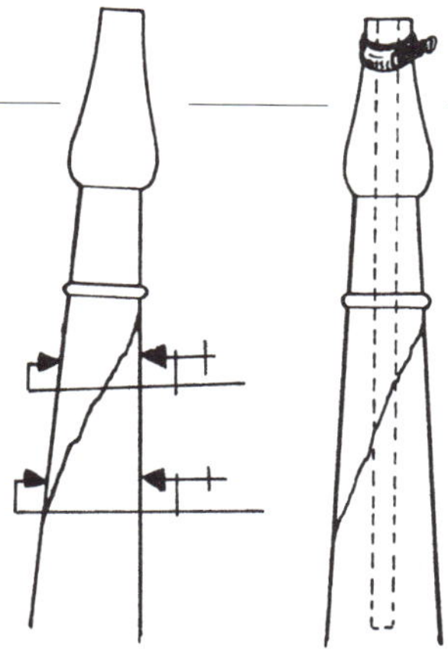

Pour percer un bout de pied fin, le serrer avec un serre-tuyau d'arrosage afin qu'il n'éclate pas.

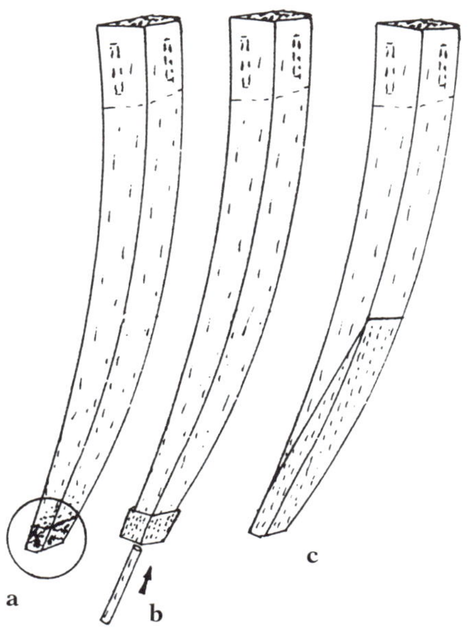

BAS DE PIED SABRE VERMOULU
a. Scier le bas du pied. Coller un bloc de bois.
b. Le lendemain, enfoncer un tourillon. Ajuster le bas du pied au rabot.
c. Une autre solution consiste à faire une coupe allongée.

Bas de pied fragile

Le serrer dans un serre-tuyau pour qu'il n'éclate pas au cours du perçage. S'il est de section carrée, le serrer à l'aide de deux petits serre-joints.

Bas de pied vermoulu

Poser un talon : scier le pied, coller un carré de bois. Le lendemain, le tourillonner. L'ajuster au rabot, au wastringue ou au ciseau.

Haut de pied tourné cassé

Un pied tourné (donc de section ronde) peut être renforcé par un gros tourillon de 16, 18 ou même 20 mm enfoncé à l'intérieur. Cette méthode permet d'éviter les reprises de sculpture que demanderait la pose d'une nouvelle tête.

Afin de pouvoir déterminer le centre du tourillon sur une coupe nette, il est préférable de recoller d'abord le pied (croquis a), puis de le scier au niveau d'une moulure.

Chercher approximativement le centre de la coupe de l'une des parties, à l'œil, ou en traçant quelques arcs de cercle avec un compas à centrer.

Planter une pointe au milieu de la coupe, en ne la laissant dépasser que de 2 mm (croquis b). Enfoncer l'autre partie du pied pour que la pointe la marque. Retirer la pointe. En se centrant sur les marques de la pointe, percer les deux parties avec une mèche de 16 ou 18 mm, suivant le diamètre du tourillon.

Encoller le tourillon et l'enfoncer doucement dans le pied. Pour que l'air et la colle s'évacuent, percer un trou de 1 mm dans le pied, à l'extrémité du logement du tourillon (croquis c).

Tourner les deux parties du pied l'une par rapport à l'autre, jusqu'à trouver la position où il sera parfaitement droit (croquis d).

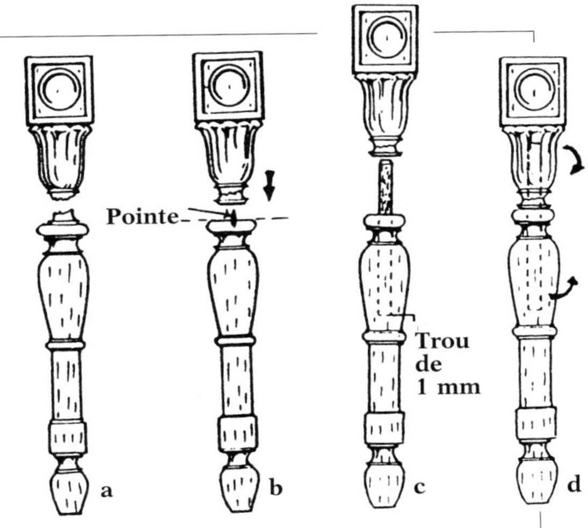

Réparation d'un haut de pied cassé.

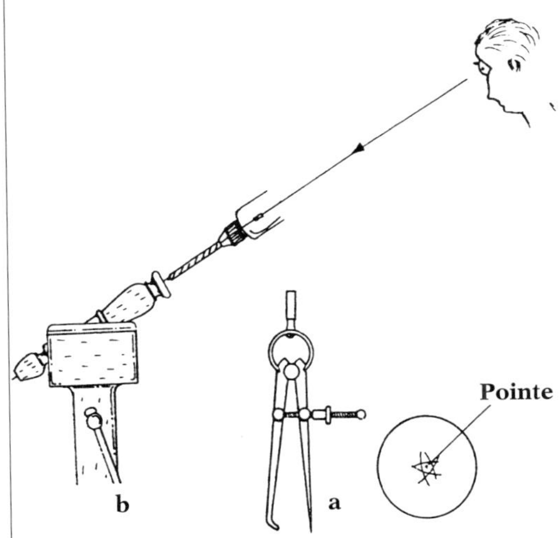

a. Compas à centrer pour déterminer le centre de la coupe du pied.

b. Il est très difficile de percer exactement dans l'axe du pied, mais en faisant tourner sa tête, on trouve une position dans laquelle le pied est droit. Viser en se plaçant dans l'axe du tourillon. Demander à une autre personne de contrôler l'inclinaison de la perceuse sur le côté.

Chaise cannée Louis XVI
Ce dé de raccordement est éclaté, que faire ? Rien. Voilà un bon exemple de chaise de valeur, de conception robuste. Elle n'a jamais été recollée. Les cassures sont nettes, simples.
On recollera d'abord les morceaux sur chaque élément séparément (colle blanche ou de poisson), puis les assemblages, normalement.
Coller les chevilles permettra de consolider les joues des mortaises de ce dé de raccordement.
Refaire une tête de pied aurait été absurde et aurait dévalorisé ce siège de façon inadmissible. Mais d'enthousiastes apprentis ébénistes ont trop souvent fait sauter des têtes de pieds dans cet état afin de montrer leur savoir-faire...

1

2

3

4. Découpe de la pièce avec une scie à chantourner manuelle à lame inclinable.

5. Raccordement des sculptures à la gouge. La ceinture est solidement fixée à l'établi par deux serre-joints.

RESTAURATION EN SIX ÉTAPES

1. Chaise hollandaise marquetée fin XVIIIe, très abîmée. Galette d'assise recouverte de cuir gaufré.

2. Fabrication des parties massives manquantes : moitié d'un pied arrière, haut de la ceinture, sculpture en haut du pied avant.

3. Traçage de l'arrondi du haut du pied sur un bloc de bois neuf.

6. Voir marqueterie, page 111. Vernis au tampon.

Supports des semences : taquets et feuillures

Les taquets

Les taquets entourent les montants juste au-dessus des traverses. S'ils sont juste décollés, percer des avant-trous de 2 mm (sans percer les montants), et les clouer avec des pointes à tête plate de 2 x 35 mm environ. Pour ne pas fendre le montant, décaler les pointes par rapport au sens du fil du bois.

Remplacement d'un taquet éclaté. Préparer une latte de hêtre de la largeur des taquets, et de 17 mm d'épaisseur. La présenter sur la traverse, contre le montant, et tracer la longueur du taquet. Scier le taquet, y percer des avant-trous, l'enduire de colle et le clouer. Casser ses angles d'un coup de râpe fine ou de ciseau à bois.

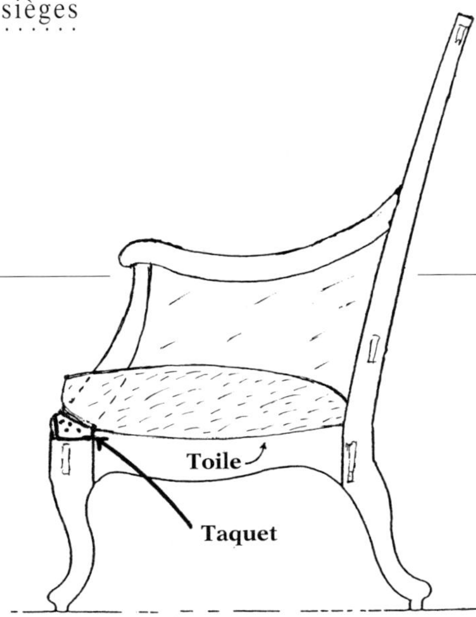

Souvent les bergères sont garnies d'un coussin qui repose sur une toile épaisse tendue sur les traverses. À l'avant de cette toile, le tapissier fait un bourrelet en crin qui rattrape l'arrondi du coussin et l'empêche de glisser vers l'avant. L'ébéniste doit clouer un taquet triangulaire sur le montant des bras, pour que la toile s'arrondisse en plate-forme à cuvette.

Remarques

Les ébénistes teintent en général les taquets avec un brou de noix léger. Sinon leurs clients protestent : «Mais vous m'avez mis du bois blanc !». En fait beaucoup de bois, même le chêne, sont blancs lorsqu'ils sont neufs.

Pour des taquets, le contre-plaqué, quoique plus tendre que le hêtre, peut être toléré à la rigueur sur des sièges sans valeur (les tapissiers se dépannent avec du contre-plaqué). Certains sièges n'ont pas de taquets : le tissu est directement cloué sur les montants.

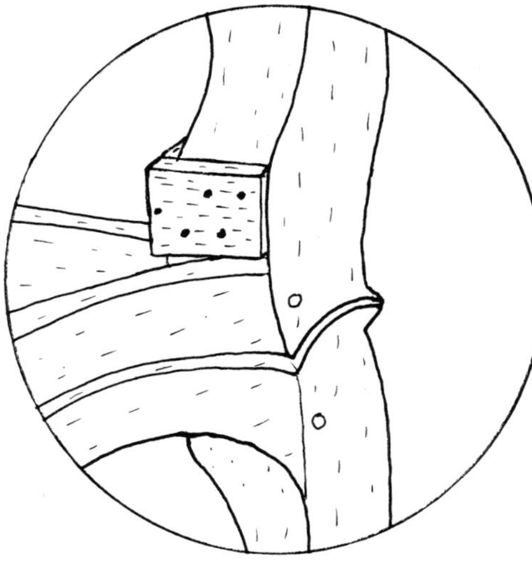

Taquet sur lequel sera cloué le tissu. Si la finition est prévue avec un galon collé sur le tissu, ces taquets peuvent être un peu abîmés. Par contre, si toutes les feuillures doivent être recouvertes de clous bombés apparents, les taquets doivent être parfaits, sinon les clous sauteront au bout de quelque temps.
Les clous sont placés en quinconce afin de ne pas fendre le bois du montant. Noter que le fil du bois des taquets est placé horizontalement.

Les feuillures

Les feuillures sont les bords, légèrement en retrait, des traverses et des montants, sur lesquels les sangles et la garniture de tissu sont clouées.

Les premières feuillures sur les traverses de l'assise, permettant au tissu de laisser apparaître le bois, datent de la fin de l'époque Louis XIII. Les feuillures des dossiers apparaissent à la Régence. On retrouve sou-

Chaise fin Louis-Philippe en acajou de Cuba, inspirée du style Louis XV. Masticage des feuillures avec un mélange de colle blanche et de sciure. L'outil : une spatule de vitrier. Lisser ensuite avec une éponge bien mouillée.

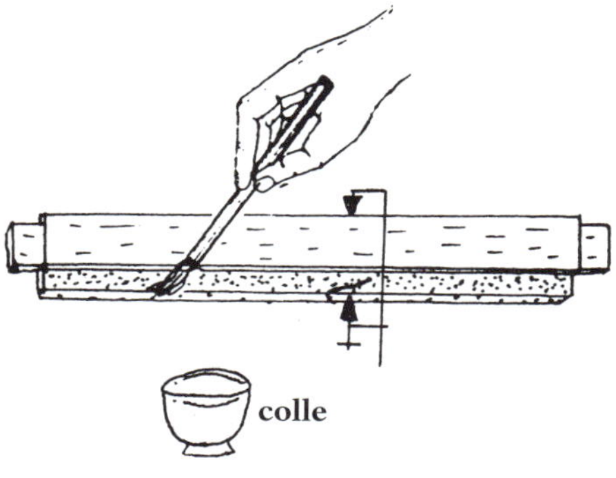

Passer de la colle blanche sur les feuillures très abîmées par les semences. Laisser sécher, puis les mastiquer. Serrer les endroits fendus.

vent dans les feuillures des sièges antérieurs au XIXe siècle des morceaux de semences forgées à la main. On reconnaît ces petits clous à importante tête plate (pour ne pas passer à travers sangles et tissus) par l'irrégularité de leur forme.

Si le bois est percé de nombreux trous mais n'est ni vermoulu ni éclaté, l'enduire de colle blanche en plaçant la traverse à l'horizontale. En coulant dans les trous, la colle les bouchera en profondeur. Serrer éventuellement les endroits fendus avec des petits serre-joints.

Après recollage du siège, on mastique ces feuillures avec un mélange de colle blanche et de sciure fine (tamisée dans une passoire ou provenant du sac d'une ponceuse à aspirateur). Appliquer ce mastic avec une spatule de vitrier, puis donner un léger coup d'éponge humide pour le lisser. Ce mastic devient marron gris en séchant. Pour l'éclaircir, on peut lui ajouter de la terre de Sienne. Profiter de ce mastic pour reboucher d'éventuels petits manques de bois à l'intérieur des traverses de l'assise.

La plupart des pâtes à bois vendues déjà préparées sont cassantes et éclatent sous les clous, sans les maintenir. Certaines résines souples acceptent le clouage, mais je préfère le mélange colle blanche/sciure, plus pratique. Les pâtes à bois ou les résines ne permettent pas un lissage aussi facile que le mastic.

Coller du tissu épais sur une feuillure Cette façon de renforcer la surface du bois, longtemps pratiquée par les tapissiers, fait hocher la tête de l'ébéniste dont le premier réflexe est de penser que c'est un travail «ni fait ni à faire». Mais on constate en général que le tissu a assez bien maintenu les semences. Alors pourquoi pas ! Cette méthode est réversible et n'abîme pas le siège.

Encoller le dessus et le côté de la feuillure de façon que la colle coule au fond des trous des clous. Coller une toile épaisse. Précisons tout de même que le tissu fait une surépaisseur : il faut donc une feuillure suffisamment profonde. En outre le client pourrait s'étonner de ce tissu peu esthétique sur le bois, mais il sera recouvert par la garniture.

Feuillures de dossier rapportées. Des feuillures en hêtre sont souvent rajoutées à l'intérieur des dossiers des sièges XIXe en acajou. Si elles s'écartent, les tourillonner aux montants. Pour un siège en acajou, il vaut mieux refaire la feuillure en hêtre et la teinter que d'utiliser de l'acajou qui est un bois qui se fend facilement. À moins bien sûr qu'il ne s'agisse d'un siège de collection.

Remplacement d'une feuillure sur des sièges sans valeur. Scier la feuillure éclatée, de préférence avec une lame de scie à métaux car il reste souvent des clous cassés dans la traverse. Sinon il faudra raffûter la scie, ou en sacrifier une à cet usage.

Coller un tasseau en hêtre sur la traverse et le tourillonner avec des tourillons de 8 mm maximum, pas trop profonds pour ne pas affaiblir le bois. Les enfoncer en biais pour qu'ils aient plus de résistance à l'arrachement.

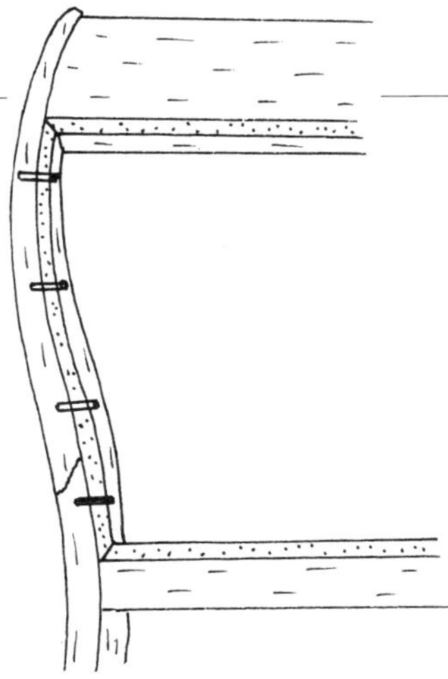

Tourillonnage d'une feuillure rapportée sur un montant de siège. Le tourillon ne doit pas dépasser 5 mm de diamètre pour ne pas trop affaiblir le montant. Remplacer une partie de la feuillure peut suffire à renforcer un montant fendu.

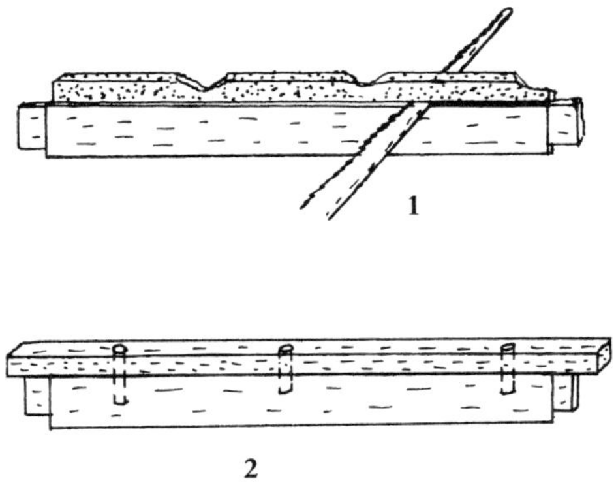

Feuillure éclatée sur un siège sans grande valeur.

1. La scier.

2. Coller une nouvelle feuillure en hêtre et la tourillonner (tourillons de 7 ou 8 mm, selon l'épaisseur de la traverse) pour qu'elle ne s'arrache pas sous la tension des sangles.

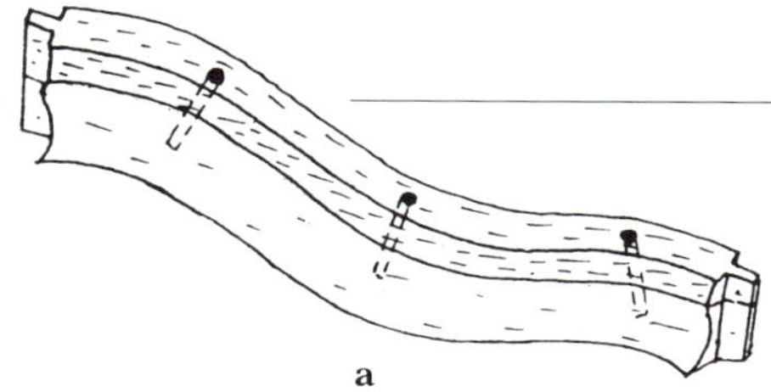

a

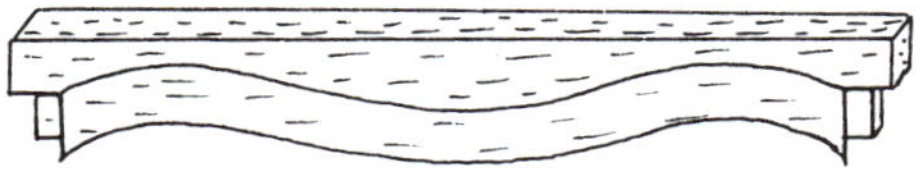

b

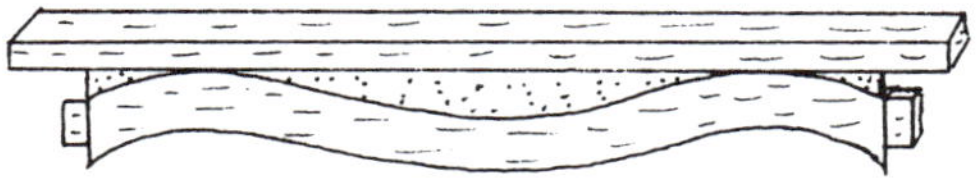

c

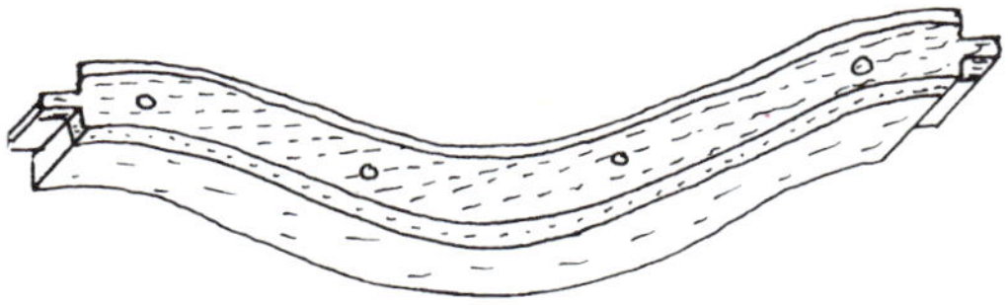

d

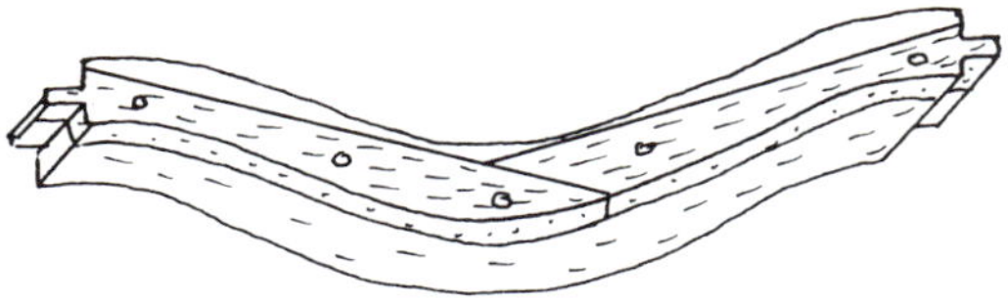

e

FEUILLURE SUR UNE TRAVERSE CHANTOURNÉE

a. Feuillure rapportée.

b. Un beau travail (vue de face).

c. Une feuillure droite peut aussi convenir.

d. On peut adapter une feuillure en forme.

e. On peut aussi adapter deux moitiés de feuillure rectilignes. Ce procédé, plus facile à réaliser, est réservé aux traverses solides car cela crée une amorce de rupture au milieu. Sur un siège non démontable dont la faible dimension des tenons donne de l'inquiétude, cette formule permet d'engager les deux parties de feuillure dans les mortaises, ce qui consolide les tenons.

Ajuster les tenons. Si la traverse est chantournée, on peut soit ajuster une feuillure en forme - ce qui est difficile, surtout si la traverse est par surcroît cintrée vue du dessus - soit scier droit la feuillure et coller un simple tasseau. Mastiquer ensuite le peu de feuillure d'origine qui reste.

On pourrait renforcer cette feuillure en faisant couler de la colle blanche dans les trous, et la mastiquer. Mais le tenon gauche est cassé. Le siège n'étant pas ancien, il est plus simple de scier la feuillure pour la remplacer. Cela renforcera en même temps le tenon.

Le remplacement d'une partie de la feuillure peut renforcer un endroit fragile d'un dossier.

1

2

1. Fauteuil genre Voltaire, d'époque Louis-Philippe.

2. Collage d'une feuillure en hêtre sur un montant du dossier cassé. Seule la feuillure très épaisse en assure la solidité, mais elle sera invisible après garnissage.

1

1. Feuillure évidée de façon à garder la croûte intérieure de la traverse.

2. Recollage de la feuillure : une planchette placée derrière sert de cale de serrage.

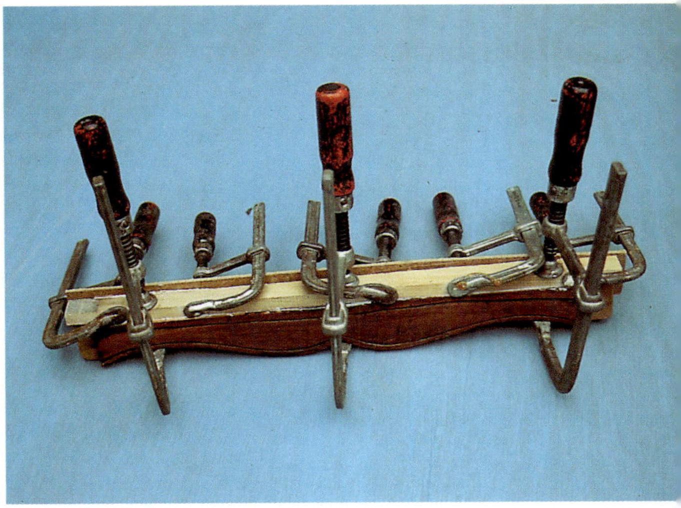
2

Remplacement d'une feuillure sur des sièges anciens. L'intérieur des traverses d'un siège ancien (la croûte) ne doit pas être touché : il perdrait une partie de sa valeur. C'est le seul endroit du siège absolument intact, non modifié depuis son origine. Rappelons-nous que les sièges sont estampillés sous les traverses.

1

2

3

LAMELLÉ-COLLÉ

Originale restauration de feuillures cintrées, remplacées par du lamellé-collé, c'est-à-dire un contre-plaqué multiplis fabriqué en forme sur moule (le siège en l'occurrence).

1. Enduire de formol la première lamelle de bois (acajou tranché 12/10e) pour l'assouplir. Avec des serre-joints, la serrer à son emplacement sur le dossier (cassé, mais le placage le maintient). Lorsque le bois est sec, il garde à peu près la courbure qu'on lui a imposée. Coller (colle de poisson) ce premier placage sur le dossier.

2. Préparer toutes les autres lamelles en croisant leurs fils. Les coller les unes sur les autres, toutes en même temps.

3. Le dossier (« en gondole ») restauré. On distingue les feuillures en lamellé-collé. Ajuster des feuillures en bois massif sur ce dossier, cintré en trois dimensions, aurait été extrêmement difficile.

1. Bergère Louis XVI démontée. Que de feuillures à restaurer !

2. Morceau de feuillure neuve incrusté dans le dossier.

3. Accotoirs. Les bras seront regarnis par-dessous, on peut donc les scier pour remplacer les feuillures, cela ne se verra pas une fois le siège retapissé. Les tenons qui étaient cassés en sont renforcés par la même occasion.

1

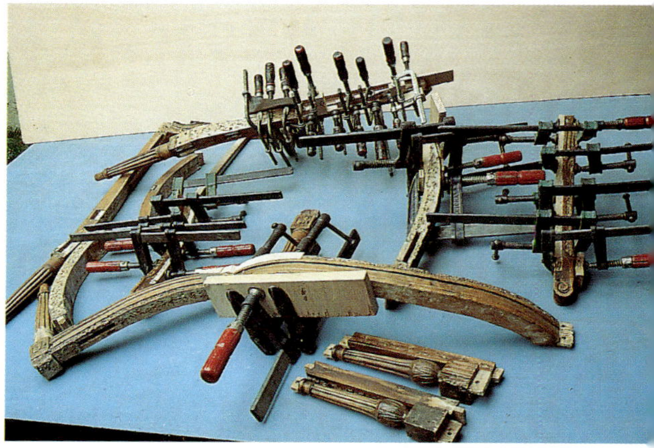

2

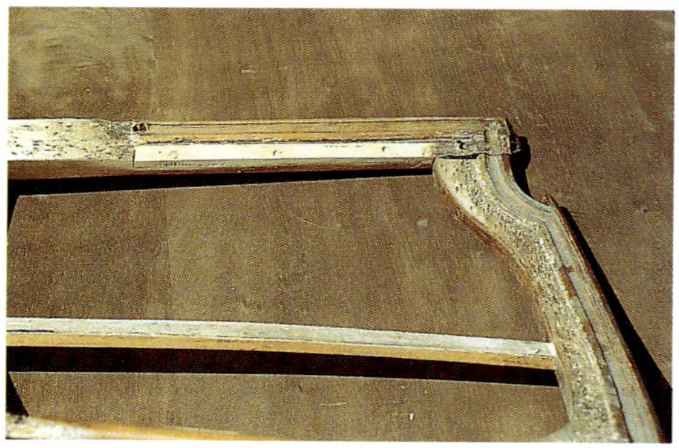

3

Fauteuil Louis XVI (non décollé)
Évidement de la feuillure d'une traverse. Scier horizontalement avec une petite scie (ici une scie Sterling), et poursuivre au ciseau.

Fauteuil Régence (non décollé)
La feuillure est sciée en long sifflet avant d'être collée. Il est ainsi possible d'engager les bouts des tenons dans les mortaises, sans démonter le fauteuil.

Siège non décollé. Serrer une cale à l'intérieur de la traverse pour éviter l'éclatement de la joue (5 mm) que l'on veut garder. Scier à la scie à placage dans le sens de la longueur. Enlever une épaisseur au ciseau à bois. Scier de nouveau, enlever une autre épaisseur, etc.

Si un bras gêne la perceuse, forer les trous des tourillons en biais, en alternant d'un côté et de l'autre.

Pour des sièges non démontables et sans valeur, on peut couper la feuillure à la scie sauteuse électrique.

Têtes de pied

Une tête de pied est particulièrement fragile parce qu'en bois de bout. Même si elle est très éclatée, il ne faut pas la décapiter pour la remplacer par une plaquette qui, collée sur du bois de bout, s'arracherait. Il ne faut pas non plus la tourillonner, car cela affaiblirait encore cet endroit du siège déjà traversé par deux mortaises qui, en outre, auraient tendance à s'ouvrir, privées du bois de leur partie supérieure.

En même temps que le siège, recoller les fentes de la tête. Ajuster ensuite des petites pièces aux endroits éclatés. Mastiquer les petits éclats avec un mélange colle/sciure aussi solide que le bois (presque plus, car les clous ne peuvent le fendre).

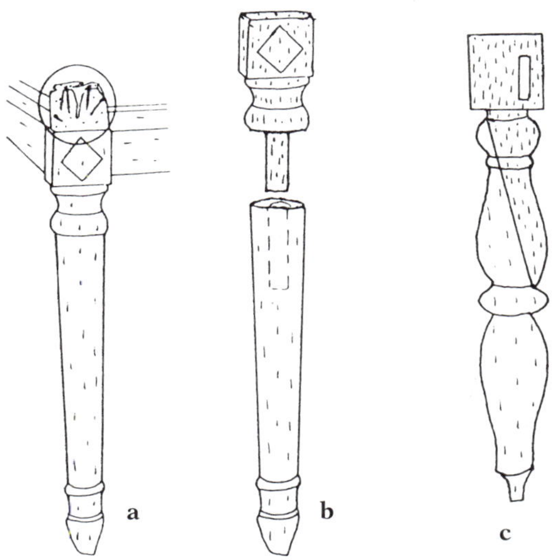

a. Tête de pied éclatée par des clous. Recoller les petits éclats. Laisser couler de la colle blanche dans la tête. Le lendemain, mastiquer (sciure/colle).

b. Tête de pied neuve tournée avec un tourillon pris dans la masse.

c. Tête de pied greffée en biseau et retournée.

a

c

b

Restauration d'une fine chaise Napoléon III laquée imitation palissandre, à assise cannée

**Couper le cannage au cutter. Démonter le dossier en procédant par petits coups, et en soulevant à peine le montant au-dessus de l'établi. On voit la chaise démontée en (d).
Le haut d'un pied avant est cassé (a).
Le scier de la tête au pied (scie à ruban) pour obtenir une belle coupe en biais allongé (b). On découvre alors seulement que la chaise est en merisier. Mais pour la greffe, il est inutile d'employer du merisier, car le bois sera repeint. Encoller un bloc de hêtre (c), le poser en place et serrer (d). Raboter, et finir par un affleurage au ciseau à bois (e).
Tracer l'emplacement de la mortaise avant et la creuser au ciseau à bois (f).
Recoller le dossier, puis la chaise (g).
Dans le cas présent, il vaut mieux recoller la face en même temps que les côtés. En effet il est très difficile de donner une orientation exacte aux mortaises de la tête de pied neuve. Avec un léger jeu dans les assemblages, recollés tous ensemble avec de la colle chargée de sciure fine, la chaise ne sera pas de guingois. Terminer par un très léger nettoyage à la fine laine d'acier. Puis teindre les parties éclaircies (h).**

d

e

f

g

h

S'il faut absolument remplacer une tête de pied, changer en même temps toute la partie du pied traversée par les mortaises. Toutefois sur un siège de collection, la règle est de conserver un maximum de bois ancien : si la joue d'une mortaise n'existe plus, incruster profondément une pièce de bois dans l'intérieur du pied, ou des petites pièces cubiques et une plaquette.

Collage d'un bloc de hêtre pour refaire la tête d'un pied avant qui était très éclaté. Le pied a été scié en biseau, en diagonale de la section carrée du pied, de façon à obtenir la plus grande surface de collage possible.

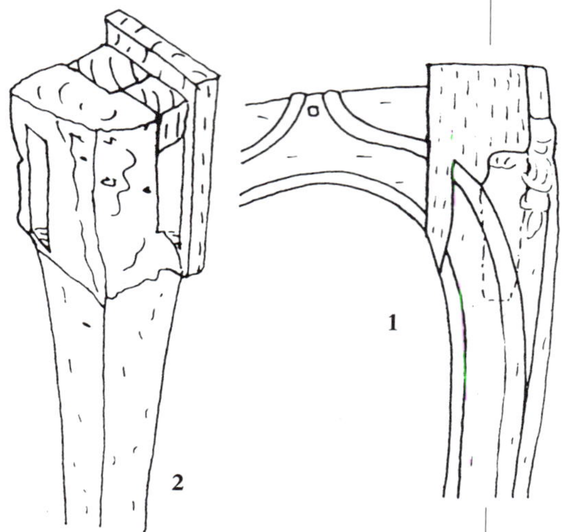

1. Réfection d'une tête de pied sur un siège ancien. Une partie de la pièce est enfoncée profondément dans le pied.

2. La réparation sera de solidité très relative, mais permet de conserver un maximum de bois ancien.

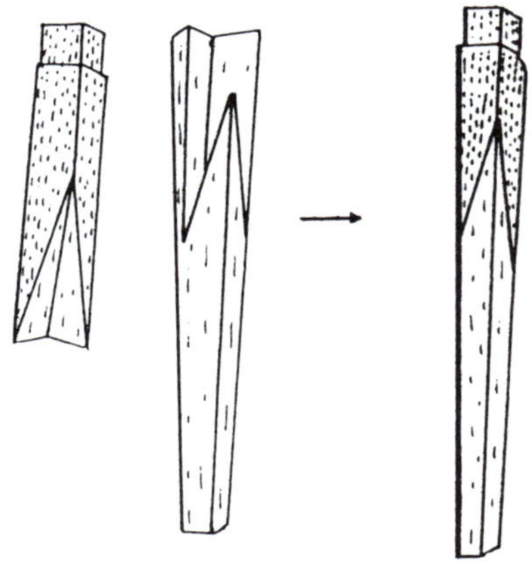

Savante enture d'une tête de pied. Ceux qui conseillent ce genre de restauration ont-ils vraiment essayé de les réaliser ? La simplicité est une règle de base.

Remplacer une traverse

Pour conserver la patine extérieure d'une traverse, vermoulue ou cassée au point qu'il faille la remplacer, la scier sur 5 mm d'épaisseur. On collera la plaquette obtenue sur la traverse neuve, fabriquée 7 mm moins large que l'ancienne (5 mm plus 2 mm enlevés par les dents de la scie).

Procéder ainsi permet de conserver la patine extérieure et la croûte intérieure d'un siège ancien. Pour ce travail, une défonceuse, ou une scie circulaire sur table fixe, ou une mortaiseuse, se révèlent quasiment indispensables.

À la rigueur, une traverse de siège sans valeur peut être renforcée par collage d'une planche de bois massif ou de contre-plaqué sur sa face intérieure. Bannir les vis qui ne font qu'affaiblir le bois.

Une moulure soulignant une traverse sera sculptée à la gouge. Tracer d'abord ses grandes lignes avec un trusquin. Pour une traverse droite, on peut commencer par marquer les creux avec une scie circulaire.

Remplacement d'une traverse en gardant une plaquette de 5 mm d'épaisseur. Vu de l'extérieur, le fauteuil sera entièrement d'origine.

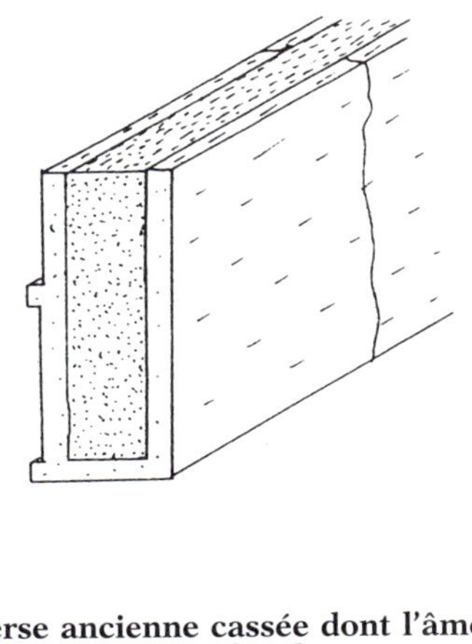

Traverse ancienne cassée dont l'âme a été remplacée. Une fois le siège retapissé, cette restauration sera invisible.

Traverse refaite à neuf en conservant le parement de la traverse ancienne.

Remplacer un châssis amovible

En principe, le châssis cassé sert de gabarit pour fabriquer le nouveau. Il arrive qu'une ou deux traverses aient besoin d'être remplacées.

Si le châssis d'origine a été perdu, il faut tracer les éléments du nouveau. Si le châssis s'encastre dans les traverses de l'assise, lui enlever 3 mm tout autour (correspondant à l'épaisseur de la garniture de tissu).

Pour les châssis de sièges modernes, on peut se contenter d'assemblages à mi-bois, collés et renforcés par des tourillons collés.

On peut aussi simplement mettre bout à bout les éléments du châssis préparés avec une marge sur les côtés (pour les ajuster précisément par la suite), et les tourillonner avec des tourillons d'au moins 16 mm.

Pour un siège sans valeur, on peut simplement débiter un châssis dans du contre-plaqué de 22 mm d'épaisseur (à défaut, coller du 10 sur du 12). La solidité du multiplis n'est plus à démontrer.

1. Traçage des éléments d'un châssis amovible.

2. Assemblages à mi-bois.

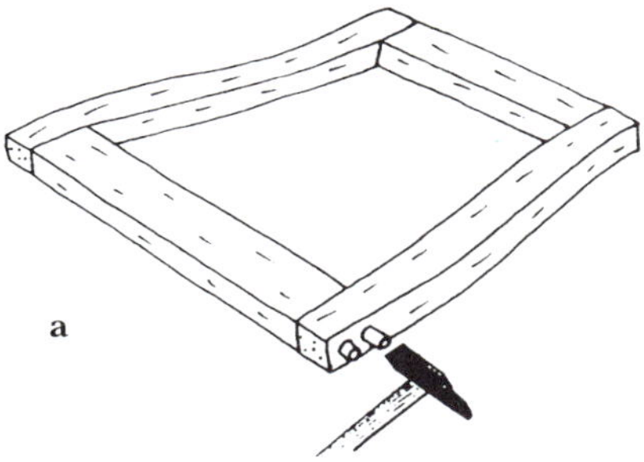

a

a. Pour assembler facilement les éléments d'un châssis amovible, ne pas faire d'assemblage, mais mettre simplement des tourillons en bout. Préparer un châssis trop grand, et l'ajuster ensuite.

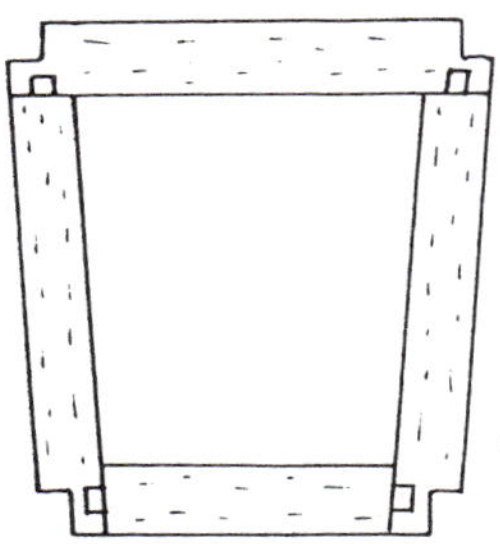

b

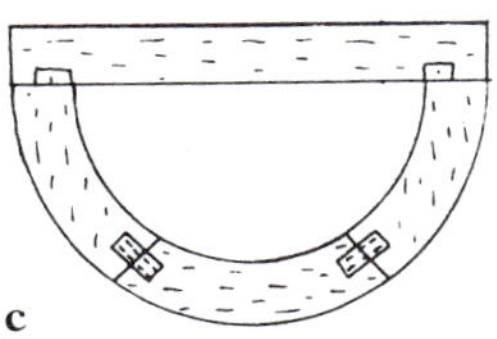

c

b. Bien entendu, sur un siège de valeur, on préférera des assemblages à tenon et mortaise.

c. Un châssis arrondi sera plus solide avec des faux tenons à l'arrière. Des tenons auraient leur fil en bois de travers.

3. On recolle le châssis en le fixant provisoirement sur la chaise afin qu'il s'y adapte exactement. On le renforcera en le tourillonnant

Pose d'équerres en bois

Un siège recollé n'a pas besoin d'équerres, sauf si les traverses et les tenons sont sous-dimensionnés. Ces rajouts peuvent alors les renforcer.

Ces équerres doivent être en bois tendre (peuplier, sapin...). Choisir un bois dur, en pensant qu'ainsi elles seront plus solides, est une erreur : une équerre ne casse pas, elle se décolle. Or, un bois tendre, plus souple, encaisse plus facilement les vibrations sans se décoller.

Les équerres doivent impérativement être aussi larges que les traverses : les étroites équerres que l'on voit le plus souvent ne sont d'aucune efficacité.

Tracer un gabarit en carton. Le découper et reporter son tracé sur une planche de bois tendre de même épaisseur que les traverses. En sciant l'équerre, l'affiner pour qu'elle ne gêne pas le tapissier quand il posera le rembourrage. L'ajuster à la râpe. Ne pas oublier de rayer les deux traverses au rabot à dents avant de la coller.

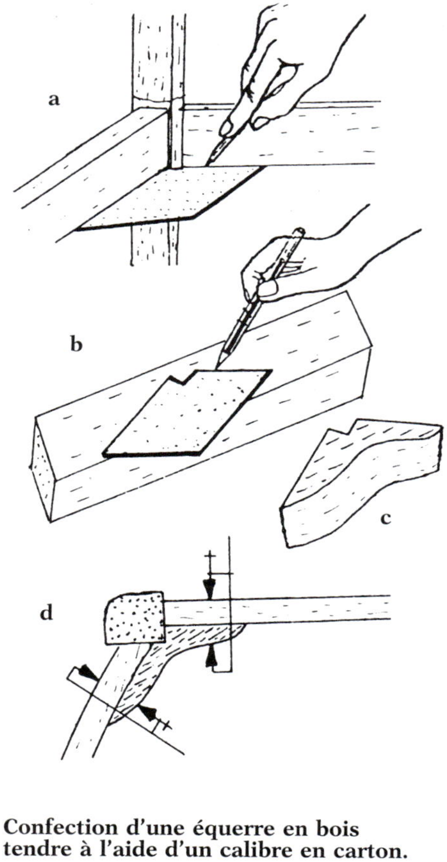

Confection d'une équerre en bois tendre à l'aide d'un calibre en carton.

1

2

Les roulettes

Les roulettes sont à mon avis des accessoires inutiles qui rendent un siège instable et meurtrier pour le bas des pieds car il faut les percer pour enfoncer l'axe. Elles sont apparues au milieu du XIXe siècle. Le plus fréquemment, seuls les pieds avant en sont équipées. Quatre-vingt-dix pour cent des roulettes françaises sont usées et leur axe tordu. On en trouve des neuves dans le commerce, hélas encore moins solides que les anciennes.

Remplacer une roulette. Si le trou est trop grand pour l'axe de la nouvelle roulette (ou si une roulette ancienne a pris du jeu), percer, coller un tourillon dedans, puis repercer avec une mèche d'un diamètre plus petit.

Supprimer les roulettes. Scier les deux pieds avant au ras de l'emplacement des bagues. Pour remettre le siège bien d'aplomb, il faut tenir compte du fait que les roulettes les haussaient de 4 cm : on va raccourcir les pieds arrière de 1 cm, et hausser les pieds avant de 3 cm.

Pour cela, coller un carré de bois de 3 cm de haut au bout des pieds avant, tourillonner profondément, puis façonner le bas des pieds au rabot et à la râpe. Si esthétiquement ce rajout paraît exagéré, diminuer les quatre pieds de 1 ou 2 cm. Il vaut mieux un siège légèrement plus bas que des roulettes qui posent d'éternels problèmes.

Extrémité de pied éclatée. Une coupe en biseau est un remède possible (voir page 82). On peut aussi faire tourner un nouveau bas de pied avec un tourillon d'assemblage.

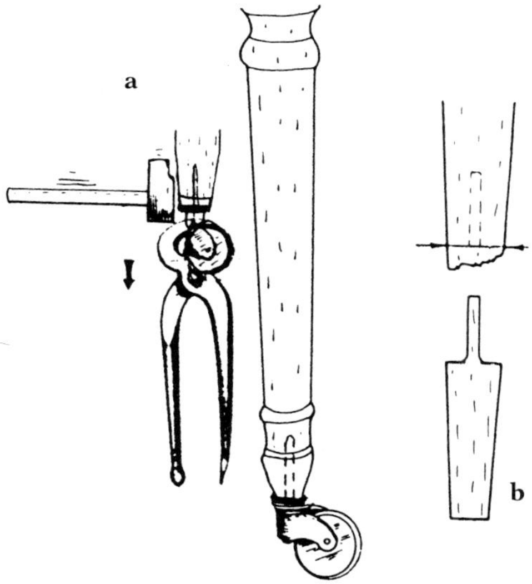

a. Pour arracher une roulette, saisir sa base avec des tenailles, puis taper sur les tenailles avec un marteau.

b. Remplacement d'un bas de pied par une pièce tournée.

1. Cette bergère Louis XV de valeur vient d'être retapissée à neuf. La traverse avant s'est cassée. Comment réparer sans dégarnir ?

2. Le mieux est de retirer l'équerre (la cassure est située juste derrière), puis de réparer la traverse en glissant de la colle de poisson dans la cassure. Puis on remplace l'équerre par une plus large dont la partie avant, très longue, recouvrira la cassure. Collée à chaud, cette équerre pourra être retirée ultérieurement. Le bois n'a pas été touché par cette restauration provisoire, pas idéale mais respectant le principe de la réversibilité. Ici, le mieux aurait été l'ennemi du bien...

Éléments cintrés

Lorsqu'un élément se cintre, cela signifie que le bois en a été mal choisi : pas rigoureusement de fil, ou avec un nœud insidieux. Sur les meubles anciens, le cas se rencontre rarement. On peut en conclure que les menuisiers travaillaient avec une grande conscience professionnelle, ou que seuls les meubles les plus solides sont arrivés jusqu'à nous.

Pour redresser un élément cintré, on peut en humidifier le côté creux et serrer sur le côté bombé une plaque métallique chaude. Le mieux est de la chauffer progressivement en posant dessus un fer à repasser. Quand la chaleur a traversé le bois (en glissant une main dessous, on le sent tiède), on enlève le fer. Mais il n'est pas certain que le bois ne reprendra pas sa courbure au bout de quelques mois. Un restaurateur avisé ne risque pas ce pari : ses clients auraient du mal à admettre que seul le fil du bois est en cause...

Procédé chimique : le LPM. En se catalysant dans le bois, ce produit* garde en séchant les courbes qu'on lui impose. Décaper la cire, le vernis ou la peinture. Humidifier le pied en l'entourant de tissu mouillé recouvert d'un plastique pendant 48 h. Mouiller le pied abondamment avec le LPM, en s'aidant d'un pinceau. Serrer le pied en contrebalançant légèrement la déformation.

Deux jours plus tard, soit le pied et parfaitement droit, soit il est possible de recommencer l'opération.

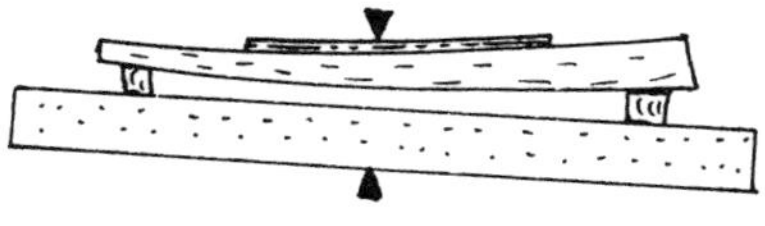

Méthode LPM : serrer l'élément en contrebalançant légèrement la déformation.

* Le LPM est fabriqué par *Les Produits chimiques de Toulouse*.

Fabrication d'un pied

S'il ne s'agit pas d'un siège de grande valeur, il peut être plus intéressant de refaire un pied neuf.

Refaire un pied Louis XV

Tracer sur du carton le dessin de l'autre pied (les pieds vont toujours par deux et ce serait bien le diable si tous deux étaient défectueux !), et le découper.

Préparer un parallélépipède de bois aux dimensions maximum du calibre. Tracer le chantournement du pied sur les deux faces du bois. Tracer et percer les deux mortaises tout de suite.

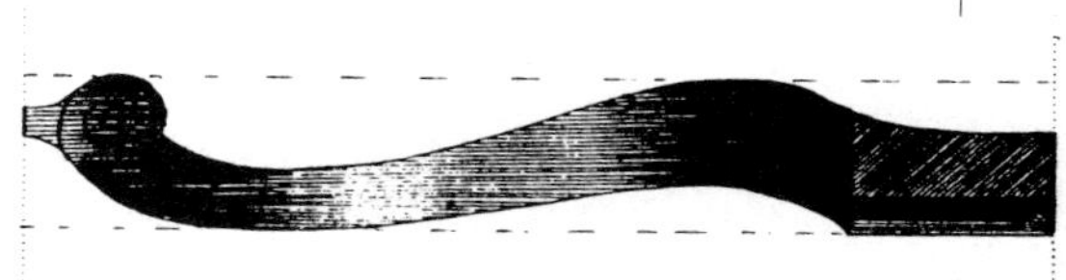

Vu de côté ou de face, un pied-de-biche Louis XV s'inscrit en principe dans un rectangle.

À la scie à chantourner, scier une face, sans aller tout à fait jusqu'au bout, de façon à garder un bloc de section carrée. (Si on enlève la chute de bois, il sera difficile de scier l'autre face.) Tourner la pièce d'un quart de tour et scier la deuxième face. Détacher les chutes de la première.

Le pied sera sculpté au wastringue et à la gouge, de préférence par un sculpteur professionnel : même les ébénistes de métier sous-traitent ces travaux relevant de la compétence d'un virtuose.

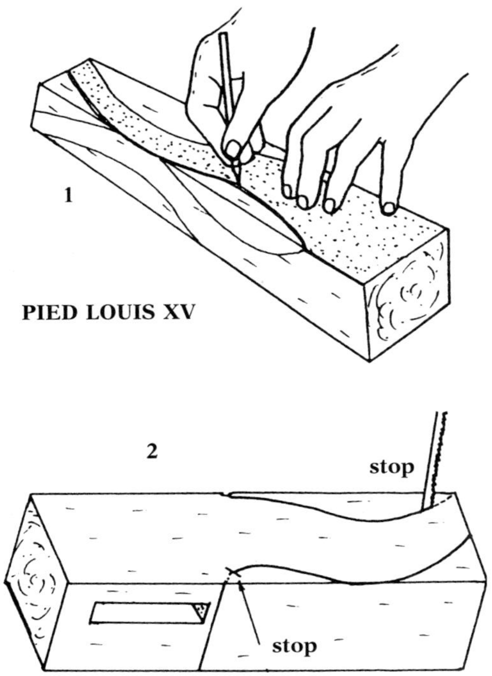

1. Tracé du pied à partir d'un calibre.
2. Creuser les mortaises puis scier le pied. S'arrêter avant la fin pour que les chutes restent solidaires du bloc, et pour pouvoir scier l'autre face.

Pieds gainés (en forme de fuseaux)

Tracer d'abord la partie qui restera droite, puis la pente du pied sur les deux faces. Tracer et percer les mortaises. Scier les pentes, sans aller jusqu'au bout (voir ci-dessus). Les raboter.

Si on dispose d'une raboteuse, fabriquer un guide en contre-plaqué, engager le pied dans la raboteuse, puis le tourner afin de raboter la face opposée. Faire de même pour les deux autres faces.

Pieds Louis XVI cannelés

Creuser les cannelures à la gouge en les amincissant vers le bas. Une copie récente se reconnaît tout de suite à des cannelures trop régulières faites à la machine.

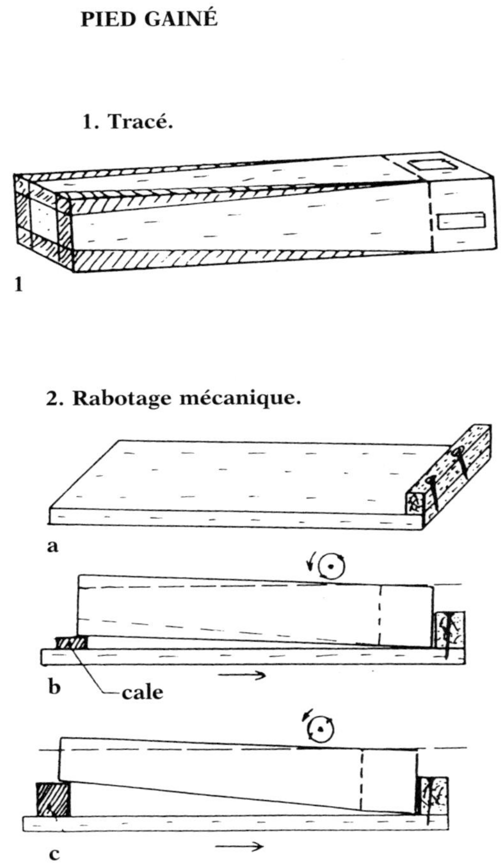

a. Guide en contre-plaqué.
b. Première face.
c. Deuxième face.

Remplacement d'éléments de sièges à barreaux

Cintrage d'un cache-paille avec un pistolet à air chaud : on humidifie le côté bombé pendant que l'on chauffe le côté creux.

Cache-paille

C'est la fine latte qui ceinture l'assise. La prévoir assez longue pour que la paille ait suffisamment de place entre la traverse et le cache-paille. Le plus simple est d'employer du peuplier, un bois clair très souple, au grain neutre, qui se teinte aisément.

Débitée dans le même bois que le siège (hêtre, noyer, merisier), une latte de 3 ou 4 mm d'épaisseur est rarement assez souple pour épouser l'arrondi d'une traverse. La plonger quelques heures dans de l'eau bouillante pour la ramollir, puis la laisser sécher montée en place : elle gardera sa forme. On peut aussi courber la latte en mouillant sa face externe et en chauffant sa face interne avec un pistolet à air chaud.

Très joli fauteuil régional à barreaux XIXe en noyer. Les bras seront collés après rempaillage de l'assise.

Traverse de chaise paillée

La scier dans une planche de 15 mm (en hêtre ou autre bois dur). Pour déterminer sa forme, on se guide sur l'ancienne traverse ou sur celle qui lui est symétrique. Arrondir les extrémités à la râpe pour les adapter aux trous des montants. Casser les deux arêtes des bords extérieurs pour que les brins de paille puissent y faire demi-tour souplement.

Autrefois ces traverses étaient refendues à la hachette, et non sciées. Cela leur donnait une plus grande solidité et des formes approximatives qui ont beaucoup de charme. Mais cela demande un sacré coup de main !

Chaise XIXe en merisier, traverse et barreaux refaits.

Barreaux

Les raboter dans des tourillons de hêtre de 18, 20 ou 22 mm. Ajuster leurs extrémités à la râpe et les poncer. S'ils sont tournés de façon compliquée, ou dans un bois auquel le hêtre teinté ne pourra ressembler, faire appel à un tourneur (mais ce n'est pas très difficile, et ce peut être une bonne occasion d'apprendre le tournage).

Barreau cassé sur un siège indémontable. La cassure se produit évidemment sur l'endroit le plus mince. Scier de part et d'autre de la cassure. Faire tourner un élément semblable dans un morceau de bois coupé en deux puis recollé en intercalant une feuille de papier journal (un tourneur peut sans difficulté le forer selon son axe). Séparer les deux moitiés à l'aide d'un large ciseau au biseau fin, et gratter le papier.

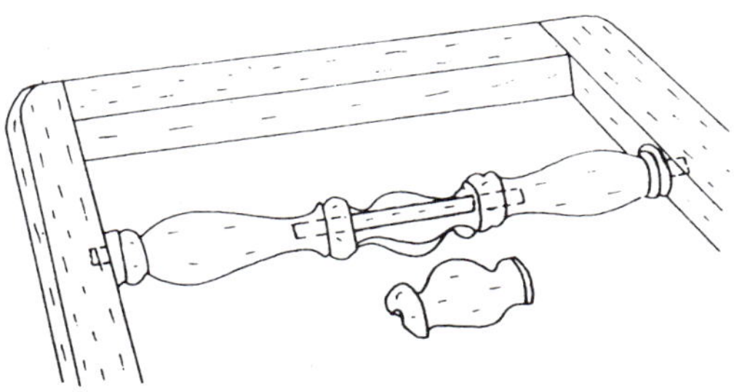

Remplacer le milieu d'un barreau cassé sans démonter le dossier.

Dossier de chaise Louis-Philippe en noyer. Le barreau tournait dans ses trous mais le dossier était trop bien collé pour être démonté. Le barreau a été scié en biais allongé et recollé.

Percer les deux parties restantes du barreau cassé et assembler le nouvel élément avec deux tourillons.

On peut aussi tourner un nouveau barreau complet et le scier en biseau allongé à l'aide d'une lame très fine, puis le recoller une fois mis en place. On peut encore fabriquer deux faux tenons.

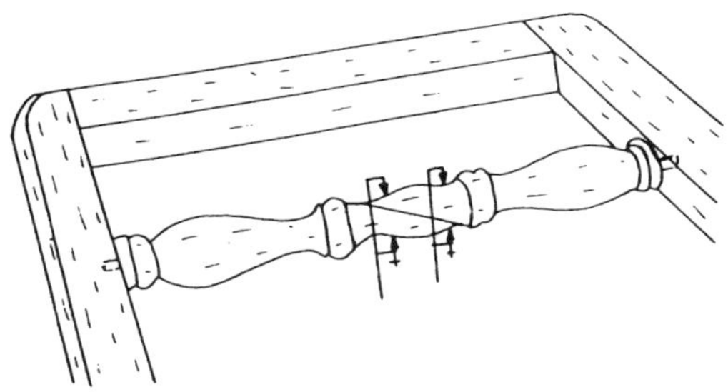

Pour remplacer un barreau cassé sans démonter le dossier, il faut tourner un barreau neuf, le scier en biais allongé, puis le recoller à son emplacement.

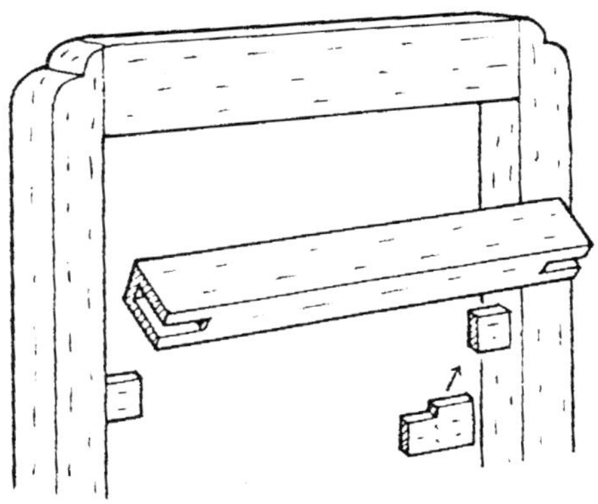

Remplacement d'un barreau cassé sans démontage du dossier. Le barreau s'engage dans des faux tenons.

Sièges vermoulus

Un bois piqué a pu être habité, puis déserté par les vers (lyctus, vrillettes, etc.). Curieusement, ces animaux préfèrent les meubles entreposés dans une pièce inhabitée. Pour savoir s'ils poursuivent leur travail de destruction, bien regarder les trous : récents, ils sont blancs ; anciens, ils ont noirci. Ne pas bouger le siège pendant plusieurs jours. Si des petits tas de sciure fine se forment dessous, pas de doute : des occupants indésirables continuent à creuser le bois.

Traitement au xylophène. Attention : ce produit liquide est toxique. Traiter le bois après avoir procédé à tous les recollages car, un peu gras, le xylophène empêcherait la colle de bien adhérer. Le passer abondamment au pinceau, en plaçant le bois horizontalement pour que le liquide descende dans les trous. Enfermer aussitôt le siège ainsi traité dans un grand sac en plastique aspergé de xylophène. Le laisser une journée. Dans l'air saturé de xylophène, les vers n'ont aucune chance...

On peut aussi injecter le xylophène avec une seringue (on trouve aussi en droguerie des bombes équipées d'un fin tuyau terminé par une aiguille). Une injection par centimètre carré suffit car les trous communiquent. Essuyer aussitôt la surface du bois avec un chiffon.

Renforcement du bois

Vider le bois vermoulu de sa sciure en le secouant, en aspirant ou en soufflant. Injecter à la seringue du Xylamont durcissant (Paraloïd B 72 dissous dans du toluène). Ce produit détruit les vers et en même temps renforce le siège en comblant les galeries : le bois retrouvera une partie de sa résistance et ne s'effritera plus.

Essuyer aussitôt avec du trichloréthylène ou de l'acétone. Si le bois est vernis, il faudra le décaper et le vernir de nouveau. Faire tremper les petites pièces dans un bain pendant 24 h. Les laisser ensuite égoutter. On peut même employer un goutte-à-goutte d'hôpital (pour perfusions) afin de faire couler lentement le produit dans le bois.

Les résines polymérisables

Souvent à deux composants, ces résines (appelées aussi «pâtes à rénover») évoluent très vite et nous n'en citerons aucune en particulier. Elles adhèrent parfaitement au bois, sans demander de serrage. Elles peuvent être teintées dans la masse : il suffit d'y incorporer des teintes en poudre ou des terres. (teinter un ton plus clair que le siège).

On les emploie aux endroits peu visibles, pour combler des défauts, reconstituer des manques. Un coffrage (fabriqué avec du ruban adhésif, du bois, du papier d'aluminium, du plastique, de la pâte à modeler...) évitera que la résine coule pendant qu'on l'applique.

Sans être des colles, elles permettent de combler très rapidement le jeu d'un tourillon dans son logement (il est difficile de percer exactement dans l'axe d'un élément). Toutefois on peut lui préférer un mélange de colle vinylique et de sciure fine.

Une bonne résine se façonne comme du bois après durcissement. Elle permet d'opérer vite là où incruster une pièce de bois nécessiterait un temps important. De plus elle offre une surface neutre facile à maquiller, alors que les bois rapportés ont souvent des reflets différents du bois d'origine.

Après le ponçage, teinter en surface avec des teintes cellulosiques en imitant le veinage du bois. Si la résine a été teintée trop clair au départ, recréer un fond en appliquant un mélange de vernis et de terre (Sienne, ocre rouge, ombre brûlée, ou un mélange des trois). On peut aussi utiliser des peintures pour maquettes.

Attention

S'il est vrai qu'à un endroit très visible le maquillage d'une résine peut être quasiment parfait, il n'en reste pas moins que la teinte se décolorera avec le temps. Il vaut mieux qu'une greffe en bois apparaisse petit à petit par altération des teintes, plutôt qu'un rebouchage à la résine qui sera assimilé à un masticage sommaire. Cette réflexion devrait limiter l'emploi de ces produits miracle...

Ce pied ne tenait plus qu'avec un gros tourillon. On le recolle avec une résine polymérisable : elle sort par les trous de vers. Le bois en sera bien consolidé. Un serre-tuyau empêche la base d'éclater.

Sièges plaqués

Les placages

Un placage est une fine feuille de bois précieux collée sur un bâti en bois ordinaire.

Les premiers sièges plaqués, en acajou de Cuba, datent du Directoire. Tout au long du XIXe siècle, l'acajou prédomine. Toutefois, sous la Restauration, on trouve des bois clairs (loupe d'orme ou de frêne) marquetés de motifs en bois foncé (palissandre ou amarante). Sous Louis-Philippe, le phénomène s'inverse : fond sombre en palissandre et décors clairs en citronnier, érable moucheté, etc.

La plupart de ces sièges ont des traverses en hêtre plaqué, tandis que les montants sont en bois précieux massif.

Autrefois, les feuilles de placage étaient sciées à la main puis mécaniquement, dans les billes de bois (épaisseur 2 mm environ). Aujourd'hui, après un étuvage dans l'eau bouillante qui les ramollit, les billes sont tranchées à l'aide d'une lame d'acier dépourvue de dents (épaisseur 0,6 à 0,9 mm).

Pour se procurer des feuilles de placage

Vous pouvez scier vous-même une fine lamelle de 2 mm d'épaisseur dans du bois massif si vous n'avez besoin que de très peu de placage. Il est aussi possible de déplaquer des meubles de récupération en réchauffant la colle avec un pistolet thermique.

Si vous ne reconnaissez pas un bois de placage, montrez le siège ou un élément démonté à un négociant en bois qui, lui, l'identifiera sûrement.

Pour trouver des fournisseurs de placages : chercher dans l'annuaire ou sur le Minitel à la rubrique : Bois de placage.

Recoller un placage qui se décolle

Soulever le placage. Dans la mesure du possible, gratter la traverse avec un rabot à dents. Glisser de la colle chaude sous le placage (la colle de poisson convient aussi très bien, la colle blanche vinylique aussi, mais à condition de gratter soigneusement l'ancienne colle). Serrer avec une cale auparavant tiédie sur un réchaud. Intercaler une feuille de papier plastifié pour que la cale n'adhère pas au bois.

Si le décollement se situe au milieu du placage (une cloche), la trancher au cutter dans le sens du fil du bois. Insérer de la colle à l'aide d'une fine spatule (fabriquée par exemple avec une lame de scie à métaux meulée en pointe à une extrémité). Serrer avec une cale tiède.

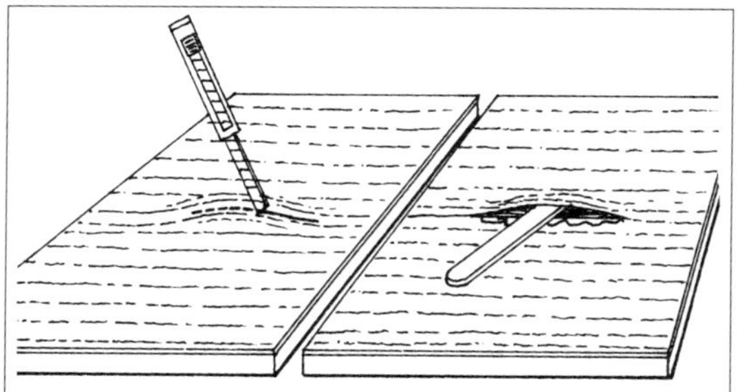

Recollage d'une cloche.

Avec une râpe, pratiquer un chanfrein en bas des traverses de l'assise, tout autour du siège, afin que le placage ne soit pas arraché lorsqu'on manipulera le siège.

Remplacer un morceau de placage manquant

Il faut ajuster une pièce du même placage, comme une fine greffe. Avec un cutter ou une scie à placage, trancher une pièce en triangle, ou de forme courbe, suivant le veinage du bois, ou encore en dents de scie. L'essentiel est de la faire la plus petite possible.

Étonnante chaise en bois noirci abondamment incrusté de nacre provenant probablement d'îles du Pacifique où les grands coquillages marins foisonnent.
Le nacre est recollé avec de la colle de poisson. Passer d'abord une solution de formol dilué dans de l'eau.

Poser cette pièce de placage sur la traverse et tracer ses côtés au cutter. Évider le logement au ciseau à bois. L'encoller, y poser la pièce et la maintenir avec du ruban adhésif durant le serrage. Serrer comme pour une cloche.

Relevé d'empreinte. Si l'on préfère ajuster une pièce correspondant exactement au manque de placage, il faut en relever exactement l'empreinte. Gratter soigneusement l'ancienne colle du logement. Poser un papier blanc, frotter avec le dos d'un ongle (les contours de la pièce s'impriment sur le papier). Redessiner ce contour au crayon, et vérifier s'il a bien été marqué. Coller ce papier sur le placage neuf avec de la colle chaude, découper la pièce avec une scie de marqueteur ou au cutter.

On peut aussi relever les contours de l'élément manquant par transparence avec une pointe feutre (ou un Rotring) sur une feuille de calque, d'acétate ou de Rhodoïd. Puis on photocopie ce relevé pour avoir un gabarit de papier.

1
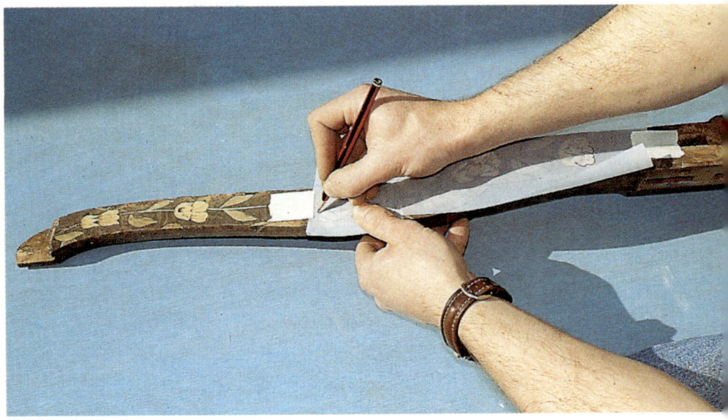

2
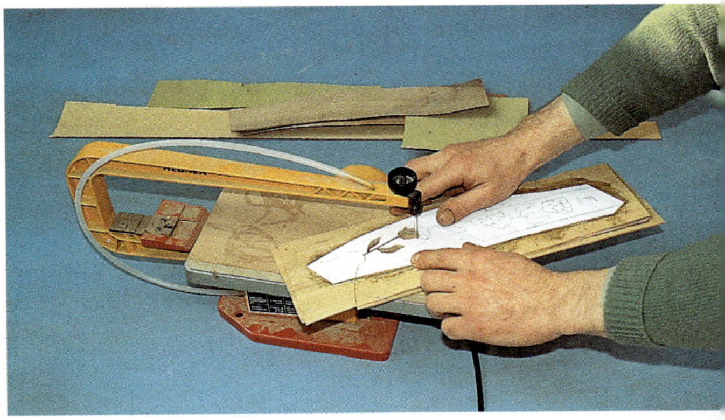

3

Quelques éléments de cette marquerie ont été perdus.

1. Relevé au papier calque.

2. Découpe du placage avec une scie à chantourner.

3. La marqueterie est assemblée.

Marqueterie créée par l'auteur à partir d'une gravure d'époque Art Déco (1920) pour un siège d'inspiration rocaille : enroulements, volutes, foisonnement d'herbages entrelacés... 50 x 72 cm. Fond en ébène de Macassar, bois de violette et bois de rose. Bois et loupes diverses, cuivre, étain, laiton, os, nacre, écaille de tortue... La transparence de la robe de la jeune fille en sycomore ondé est obtenue par superposition de deux marqueteries. Celle du dessus est poncée jusqu'à faire deviner celle qui a été plaquée en premier.

Motifs marquetés propres à composer un décor de dossier de siège. L'oiseau de droite a été ombré au sable chaud : ces nuances sombres dégradées donnent beaucoup de vie à la composition.

Respecter les reflets du bois. En choisissant le placage, s'assurer que les reflets de la pièce neuve correspondent bien aux reflets du bois ancien. Pour cela, mouiller les deux à l'alcool et les placer en les orientant comme ils seront vus (horizontalement, verticalement..). Les regarder ensemble, de la gauche, puis de la droite.

Marqueterie disparue. Il est possible de réaliser une nouvelle marqueterie en s'inspirant de meubles marquetés de même époque. Voir mon premier ouvrage : *La Marqueterie comme un professionnel* (dans la même collection)

Déplaquer un élément

Décoller le placage d'un élément non réparable (traverse d'un siège du XIXe par exemple) permet de le recoller ensuite sur la pièce de remplacement en bois neuf. Ainsi l'aspect extérieur du siège n'aura pas changé. Ce n'est possible que si le placage a été collé à la colle chaude.

Réchauffer la colle à travers le placage à l'aide d'un pistolet à air chaud (décapeur thermique), en le plaçant à 20 cm environ du bois, ou avec un fer à repasser. Soulever le placage avec une spatule.

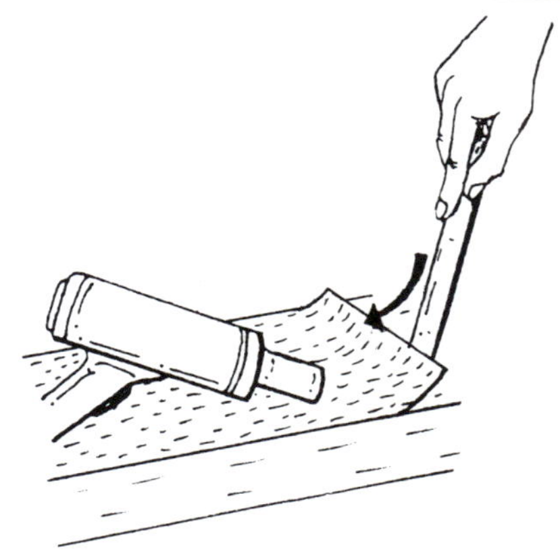

Déplacage d'une traverse avec un pistolet thermique.

On peut aussi décoller le placage en posant, sur la pièce un linge humide et une feuille de plastique. Laisser en place au moins douze heures. L'eau aura traversé le placage et détrempé la colle. Soulever le placage avec une spatule.

Pour recoller le placage sur une traverse courbe, le maintenir en superposant trois petites cales d'Isorel de 3 ou 4 mm, recouvertes de plusieurs tasseaux. Chauffer au préalable ces cales pendant au moins 5 mn pour qu'elles soient bien tiédies dans leur masse.

Dissimuler une restauration

Plaquer un élément de siège permet de dissimuler une restauration. On peut ainsi par exemple coller un placage de noyer pour cacher un renfort en hêtre posé sur un montant de siège en noyer massif.

1

2

Réparation de l'accotoir d'un canapé à trois places en acajou, d'époque Restauration.

1. Après recollage de la cassure du bas et remplacement de la feuillure pour le consolider, un placage d'acajou de Cuba est collé sur le dessus du bras. Serrage au ruban adhésif.

2. L'accotoir reverni au tampon. La cassure se voit légèrement sur le côté, mais absolument pas du dessus ! Le placage s'arrête au ras de la volute qui termine le bras.

Siège gondole

Sur ces sièges Restauration, les bronzes de l'époque Empire ont disparu au bénéfice d'incrustations de bois foncé dans du bois clair. Une bande de placage continue recouvre les traverses arrondies et les pieds arrière. Si les assemblages des pieds sont décollés, le placage a probablement cassé à leur niveau.

Placage cassé. En recollant le siège, fixer avec du ruban adhésif des cales d'Isorel sur le placage des assemblages. La sangle de serrage appliquera ces cales sur les joints préalablement encollés, et ils se ressouderont aux traverses.

Placage en bon état. Avec un cutter, on peut fendre le placage au niveau des assemblages décollés pour les démonter. Mais évidemment, après remontage il subsistera des traces de cutter verticales.

Pour un siège de valeur, il vaut mieux déplaquer toute la ceinture au décapeur thermique, et la replaquer après recollage du siège. Cette option est beaucoup plus longue et risque d'abîmer davantage le placage que quelques traces de cutter. Il faut donc s'assurer d'abord qu'il est suffisamment épais (un placage fin se déchirera).

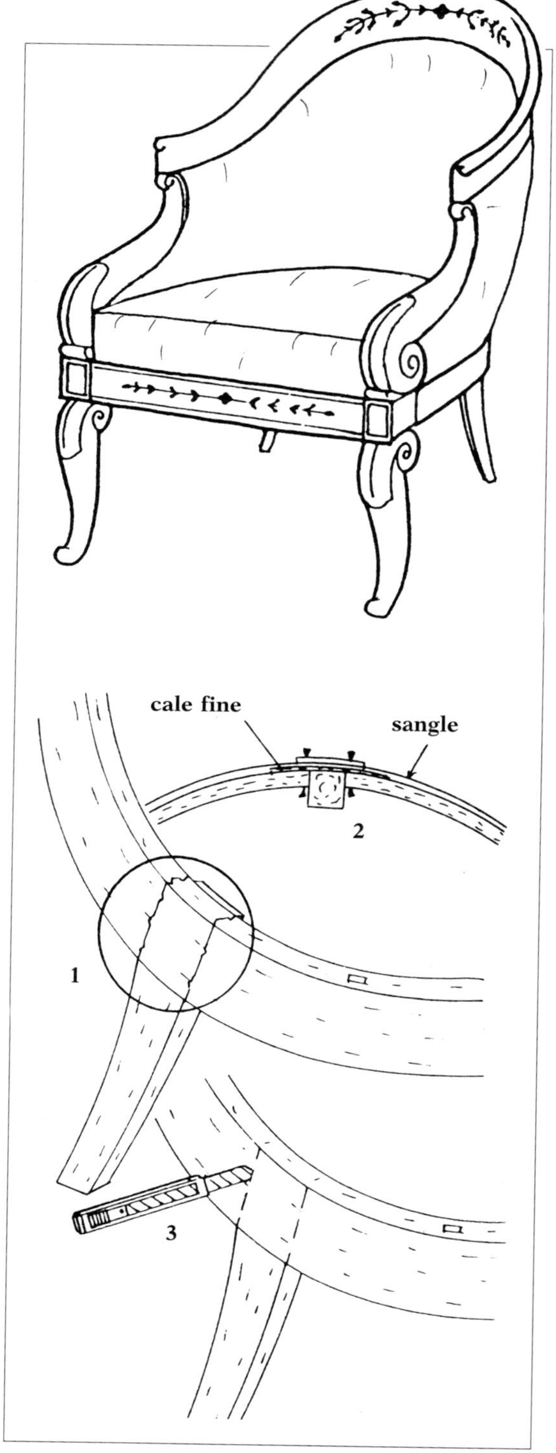

Fauteuil Restauration à dossier en gondole.
1. Ici le placage est fendu, on peut donc démonter le pied.
2. Recollage : placer une cale fine en Isorel ou en fin contre-plaqué entre la sangle de serrage et les traverses. Cette cale applique le placage contre les traverses et le pied.
3. Si le placage n'est pas fendu, on peut le trancher droit au cutter.

Cannelures de laiton

Ces ornements de laiton (alliage de cuivre et de zinc) sont collés dans le creux des cannelures des pieds Louis XVI. Ils ont une fâcheuse tendance à se décoller, car le métal joue en fonction des variations de la température ambiante.

Enlever l'ancienne colle. S'il s'agit de colle chaude ancienne, décaper en la badigeonnant avec de l'eau chaude additionnée de farine. Cela évite d'abîmer le bois. Pour les colles modernes, gratter soigneusement la cannelure du pied avec une gouge, une râpe ronde queue-de-rat et du papier de verre.

Recollage. Il se fait de préférence à la colle de poisson, ou à l'Araldite : on se sert d'un tourillon comme cale durant le séchage. Pour un siège moderne, on peut à la rigueur utiliser de la colle-contact Néoprène : enduire les deux faces, attendre 5 mn et les mettre en contact ; la colle prend immédiatement, et aucun serrage n'est nécessaire.

Pour éviter un décollement ultérieur (seulement sur les sièges sans valeur), percer un avant-trou aux deux extrémités de la cannelure et la fixer avec deux petites pointes en laiton.

Cannelure manquante. Un bronzier peut en fabriquer une nouvelle en se servant d'une des cannelures restantes comme modèle, ou directement à partir du pied du siège.

Mais il possible de confectionner soi-même une cannelure. Faire recuire (chauffer au rouge, puis laisser refroidir lentement) une lamelle de laiton pour amollir le métal. Rayer l'envers au gros papier de verre ou au rabot à dents. Arrondir l'extrémité d'un tourillon de diamètre inférieur à celui de la cannelure. Présenter le laiton sur la cannelure du pied et l'écraser avec le tourillon.

Une fois la cannelure collée, l'affleurer avec un ciseau bien affûté. Finir en l'affleurant à la lime, puis au racloir et au papier de verre très fin. Terminer par un polissage à la fine laine d'acier.

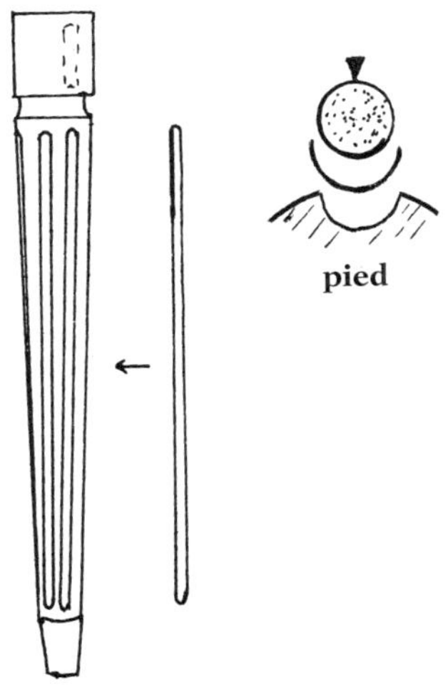

Serrage d'une cannelure de laiton. Un tourillon sert de cale.

Remarque

On peut aussi tout simplement supprimer ces ornements, ce qui quelquefois n'enlève rien à l'esthétique d'un siège trop chargé en pseudo-dorures. La beauté est souvent synonyme d'élégance dans la simplicité.

Cintrage d'un filet en bois sur la buse brûlante d'un décapeur thermique.

Les filets de laiton

Ces filets de laiton, de 1 à 5 mm de large, se décollent et s'échappent de leur rainure, le plus souvent en se tordant.

Commencer par décoller complètement le filet. Gratter la rainure à l'aide d'un fin ciseau à bois ou d'un petit tournevis. Tirer l'outil vers soi (en le poussant, on ferait éclater les bords de la gorge).

Pour redresser un filet, fixer une de ses extrémités dans un étau, et tirer sur l'autre en la tenant avec une pince.

Pour que la colle adhère sur le laiton, il est nécessaire de le rayer : serrer le filet entre deux limes près de l'étau et tirer sur toute sa longueur. Si on ne veut pas rayer le côté qui sera vu, remplacer une des limes par une cale de bois.

Coller le filet à la colle chaude ou de poisson, ou à l'Araldite. Serrer à l'aide d'une longue cale de contre-plaqué.

Finir en affleurant les filets à la lime, puis au racloir et au papier de verre très fin. Terminer par un polissage à la fine laine d'acier.

Filets de bois Sur une copie sans valeur, on peut remplacer le laiton par des filets de bois (buis ou sycomore) qui se décolleront moins facilement. Pour courber un filet de bois, l'appliquer sur un tube de métal chauffé sur un réchaud, ou sur le tube de sortie d'air d'un pistolet thermique très chaud.

NB. *Cannelures et filets en laiton se trouvent chez les bronziers.*

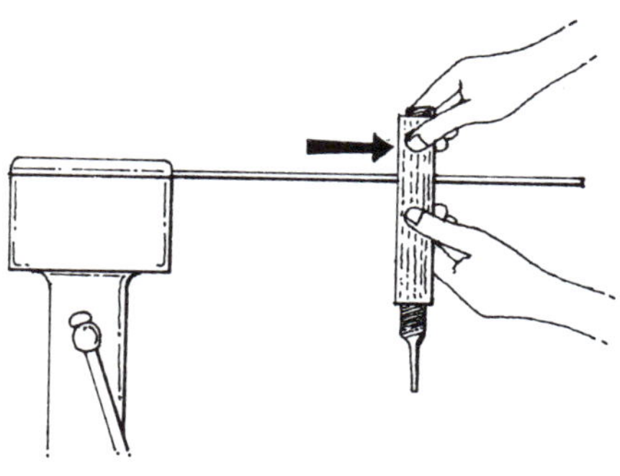

Comment dresser un filet de laiton tout en le rayant avec des limes pour que la colle adhère.

Troisième partie

Finitions, patines

Dernières vérifications

Une fois le siège recollé et réparé, le serrer par une traverse dans l'étau de l'établi. Cheviller, affleurer et poncer tout ce qui est horizontal. Tourner le siège d'un quart de tour dans l'étau. Faire de même sur les quatre faces. Cette façon de faire pivoter le siège à quatre reprises permet de ne rien oublier.

Dossier Louis XVI en chapeau

Au sommet de chaque montant se trouve un ornement sculpté (graine éclatée, pomme de pin, panache...) souvent abîmé, cassé ou disparu. On en trouve faubourg Saint-Antoine. Pour qu'ils soient identiques, il vaut mieux remplacer les deux, sauf sur un siège d'époque pour lequel il faut naturellement sculpter l'ornement manquant à l'identique de celui qui reste.

Sculpture du haut d'un dossier à chapeau de gendarme Louis XVI. On en trouve dans les magasins du Faubourg Saint-Antoine à Paris.

Décapage d'un bois peint. La position est la même que pour le dégarnissage : assis sur un tabouret, le siège posé par terre est bloqué avec les pieds. Ce fauteuil cabriolet Louis XV sera remis en bois naturel. Teinté avec un léger jus formé d'un mélange de vernis, d'alcool et de terres, puis ciré, il redeviendra couleur hêtre ancien : *robe de lièvre*, c'est-à-dire légèrement roux.

Décapage de peinture avec un racloir. S'il subsiste peu de peinture, il est quelquefois plus rapide de la gratter au racloir, au ciseau à bois, à la gouge, au papier de verre, etc. plutôt que de la décaper.

Bois peints ou vernis

Des sièges à l'origine en bois naturel ont parfois été peints ou vernis à tort. Il faut si possible leur rendre leur aspect d'origine.

Décapage. Vernis et peintures se décapent avec un simple décapant pour meubles (en drogueries) qui n'altérera pas les teintes des bois et ne décollera pas les placages.

Enfiler des gants. Avec un pinceau, enduire le bois d'une généreuse couche de décapant. Attendre le temps recommandé par le fabricant. Frotter avec une paille de fer très fine ou de la laine d'acier, jusqu'à assécher le bois. Recommencer si nécessaire. On peut finir par un rinçage à l'alcool à vernir. Gratter les rainures, les moulures et les sculptures avec un ciseau à bois. Poncer légèrement.

Pour les peintures récalcitrantes, enduire le siège et le laisser macérer quelques heures en l'enveloppant dans une bâche ou dans plusieurs grands sacs poubelle.

Rebouchage à la gomme laque. Ce rebouchage s'effectue après décapage et avant ponçage (sièges vernis). La gomme laque se présente en fines paillettes ou en bâtonnets teintés. Choisir une teinte proche du bois à reboucher. Présenter le bâtonnet au bord du trou à combler, et en faire fondre l'extrémité avec un fer à souder électrique, de préférence en 110 volts pour qu'il ne soit pas trop chaud (utiliser un transformateur). Gratter le surplus de gomme laque au ciseau à bois très bien affûté, et poncer.

N.B. Certaines résines synthétiques teintées conviennent également.

Raviver un vernis. Nettoyer le vernis en l'effleurant avec une très fine laine d'acier ou un tampon style Scoth-brite. Appliquer une couche de cire antiquaire teintée. Astiquer immédiatement avec un chiffon de laine. Éliminer les dépôts dans les recoins à l'aide d'une brosse.

Pour choisir la teinte de cire antiquaire la plus proche du siège, faire des essais. Ainsi pour un siège en acajou, il vaut mieux prendre une teinte merisier foncé *: la teinte* acajou *est en général trop rouge. Pour un siège en merisier, prendre une teinte* noyer moyen *: la teinte merisier est trop orange.*

Vernis matine. Ce vernis provient d'une résine naturelle. Il brille plus rapidement que le vernis gomme laque employé pour le vernis au tampon, et il est plus facile d'emploi.

Mécher (frotter) le siège avec une poignée de mèche (résidus de coton provenant d'une filature) imprégnée de matine et d'alcool à vernir. Éviter de repasser deux fois au même endroit à intervalles trop rapprochés. Quand la mèche devient sèche, rajouter de la matine et un peu d'alcool, mais moins que la première fois. Continuer à tourner autour du siège puis, après une dizaine de tours, laisser tirer le vernis une journée.

Mécher de nouveau le siège de la même façon, mais en enveloppant la mèche avec un tissu fin. Lorsque le vernis paraît assez brillant, ne plus rajouter de vernis sur le tampon, mais seulement de l'alcool (très peu).

Vernis copal. Ce vernis copal brille instantanément. On s'en sert pour des petites reprises de vernis, en une seule passe. Utiliser un chiffon doux, une petite éponge ou un pinceau. Un vrai vernis au tampon dépasse le programme de ce livre. Voir mon premier ouvrage : *La Marqueterie comme un professionnel.*

Vernis synthétique. Sur des copies sans valeur, de nombreux vernis modernes conviennent : cellulosique, polyuréthanne, glycérophtalique ou à l'eau. Travailler dans une pièce non poussiéreuse. On les applique au pinceau, en deux couches. Poncer légèrement, repasser une troisième couche. Cette dernière couche peut être remplacée par un vernis matine, une gomme laque au tampon, ou de la cire antiquaire.

Sièges laqués. Pour les rebouchages, utiliser de l'enduit de rebouchage blanc en tube. Pour les petites retouches, utiliser des tubes de peinture acrylique. Soluble dans l'eau, elle se polymérise pour devenir indélébile. Une simple gouache peut même suffire. Mais pour restaurer complètement une peinture, faire appel à un laqueur.

Sièges dorés. Pour les rebouchages, utiliser de l'enduit de rebouchage blanc en tube. Pour les petites retouches, je déconseille les flacons de bronze doré : ces rajouts brillent de façon trop voyante. Il vaut mieux se procurer des petits bocaux de cire dorée, ou bien mélanger de la terre ocre jaune dans du vernis et l'appliquer au pinceau. Pour redorer entièrement un siège, faire appel à un sculpteur-doreur (le siège doit avoir une grande valeur pour en valoir la peine, car ces travaux de dorure à la feuille sont très onéreux).

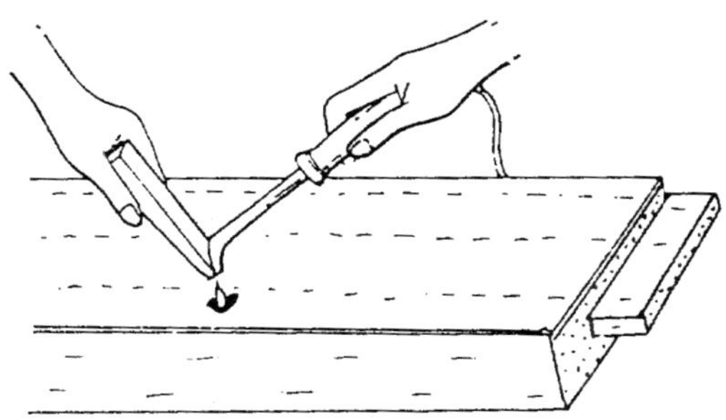

Rebouchage d'un petit trou avec un bâton de gomme laque.

Bois cirés

Enlever une ancienne cire

Pour enlever une encaustique encrassée, passer du pétrole désodorisé, avec un pinceau. Laisser ramollir quelques heures. Recommencer éventuellement deux ou trois fois l'application. Nettoyer avec une brosse dure : les dépôts disparaîtront.

Si le siège n'est pas très sale, il suffit de le frotter à sec avec une fine paille de fer ou avec de la laine d'acier. (Attention : la laine d'acier laisse d'infimes particules de fer dans les pores du bois. Elles rouillent en quelques mois et piquent les bois clairs.) Employer de préférence un tampon à récurer style *Scotch-brite*. Insister sur le haut du dossier et les bras. Il faut quelquefois passer une teinte légère pour retrouver la couleur du bois éclairci par ce nettoyage.

Souvent il vaut mieux cirer le siège puis, tout de suite après, chauffer la cire avec un décapeur thermique tout en brossant avec les poils d'un pinceau ou une brosse. Les deux cires, l'ancienne et la nouvelle, se mélangent et les dépôts s'en vont.

Appliquer la nouvelle cire

Choisir une encaustique pour meubles, à base de cire d'abeille et d'essence de térébenthine. La passer cire au pinceau Essuyer le surplus avec un chiffon. Le lendemain, astiquer avec un chiffon de laine et une brosse à chiendent ou en plumes d'oie. Pour obtenir un brillant plus vif, renouveler cette application à quelques jours d'intervalle.

Fabriquer son encaustique. Avec un ciseau à bois, émietter un pain de cire d'abeille. Lui ajouter un peu de cire de carnauba. Laisser dissoudre les deux cires dans un bain-marie tiède ou sur un radiateur, dans deux tiers d'essence de térébenthine pour un tiers d'essence F. Après refroidissement, on doit obtenir un liquide épais. Sinon, rajouter de la cire pour l'épaissir, ou de l'essence F pour la diluer.

Atténuer une rayure

Une marque dans un bois massif peut être atténuée. Mouiller l'endroit concerné, le recouvrir d'un tissu humide et chauffer avec l'extrémité d'un fer à repasser ou à souder : en gonflant, le bois comble en partie le trou. Laisser sécher, poncer légèrement.

Un coup sur un angle vif peut être simplement adouci au papier de verre. Cela évite de poser une pièce, et correspond à l'usure normale d'un siège.

Rebouchage à la cire

Combler les joints et les trous de vers en les frottant avec un bâtonnet de cire teintée (cire à boucher) ramolli dans la paume de la main. Éliminer le surplus en astiquant énergiquement avec un chiffon de laine. On peut d'abord retirer le plus gros avec une petite raclette de corne ou une spatule en bois.

Pour patiner une pièce de bois greffée, c'est-à-dire combler les pores du bois, frotter avec un bâton de cire. Chauffer ensuite rapidement avec un pistolet thermique, tout en frottant avec un chiffon. Cirer ou vernir.

Rebouchage des trous de vers avec un bâton de cire à boucher. Une spatule prévue à cet effet (à la rigueur en bois) retire l'essentiel du surplus de cire. Astiquer aussitôt en frottant fortement avec un chiffon de laine qui ne peluche pas pour retirer ce qui reste de cire en surface.

Les teintes

Un siège qui a servi longtemps n'a pas une teinte homogène : elle s'est éclaircie aux endroits de frottement. Après avoir passé une nouvelle teinte, il faut donc l'atténuer à ces endroits en frottant légèrement avec de la fine laine d'acier pour donner l'illusion d'une usure naturelle.

Préparation des bois neufs avant la teinte

Lorsqu'un bois a été mouillé, ses fibres se relèvent en séchant. Pour pallier cet inconvénient, mouiller légèrement la pièce avec une éponge après le ponçage. Quand elle est sèche, la poncer de nouveau au papier de verre très fin. Remouiller, reponcer très légèrement. Sur un bois ainsi préparé, les fibres ne se relèveront plus après passage de la teinte. Terminer d'adoucir le bois en l'astiquant avec une fine paille de fer ou de la laine d'acier.

Avertissement

Nous indiquons ici des produits que l'on trouve couramment chez les droguistes d'ameublement et qui s'emploient facilement. Seuls ou associés, ils permettent de faire face à la plupart des situations. Il est toujours préférable de faire des essais sur des chutes de bois.

Bichromate de potassium. Poudre orangée à diluer dans l'eau. Fonce l'acajou et les bois fruitiers. Vieillit le bois de rose, le bois de violette...

Éclaircisseur Panamax. Dore le noyer, atténue les taches d'encre ou d'humidité sur tous les bois

«Potassium». Appelé encore abusivement «soude caustique de potasse». Il s'agit en fait de soude caustique liquide (ou lessive de soude). Pour vieillir le chêne et l'amarante (qui de violet devient rapidement brun au contact de l'air), utiliser un mélange composé à parts égales de «potassium», de Panamax et d'eau.

Acide nitrique. Dilué avec plus ou moins d'eau, il décolore le palissandre, le bois de rose et de violette... Activer la réaction en chauffant rapidement avec un pistolet à air chaud, ou en exposant le bois au soleil.

Anilines à l'eau et teintes mordantes. Ces poudres se diluent dans l'eau. Rajouter une ou deux gouttes d'ammoniaque pour fixer la couleur. Elles offrent une gamme presque illimitée de couleurs. N'en abusez pas : elles perdent leur pouvoir au fil des années, et à la longue une pièce de placage apparaîtra et détonnera.

On trouve des teintes liquides à l'aniline toutes préparées (merisier, noyer, palissandre...) qui ont l'avantage de ne pas varier en concentration. Avec l'habitude, on peut les employer en s'évitant les nombreux essais indispensables quand on dissout des poudres.

Noir Napoléon III. On trouve ce noir liquide tout prêt. Pour avoir un noir plus mordant, passer sur le bois une solution de campêche, puis une solution de pyrolignite de fer avec un peu d'acide acétique.

Teintes naturelles. Brou de noix (ou extrait de Cassel), acajoutine, oignon, chicorée (couleur noyer blond), thé... Ces teintes naturelles résistent plus longtemps à l'action de la lumière que les anilines. On peut les combiner entre elles ou avec les anilines.

Teintes cellulosiques. Vendues liquides, elles couvrent et prennent sur tous les supports, même vernis et résines. Les teintes acajou, merisier, noyer et chêne foncé sont les plus couramment employées.

Elles ne lèvent pas les pores du bois comme les teintes à l'eau, et constituent même une sorte de sous-couche pour le vernis. La finition n'en sera que plus rapide.

L'idéal est de teinter sommairement le bois avec n'importe quelle teinte, plutôt plus claire que le ton voulu. Commencer à vernir. Entre deux couches de vernis, placer le siège sur ses pieds et le regarder comme il sera vu lors de son utilisation. Fignoler alors les couleurs des pièces avec des teintes cellulosiques. Laisser sécher avant de continuer à vernir.

Il a fallu remplacer un bras de ce fauteuil paillé (procéder comme pour un pied Louis XV, page 104). On fonce le bois avec une teinte cellulosique mêlée d'un peu de terres. Puis le bras est ciré avec une cire antiquaire chêne clair. La teinte sera un peu effacée au bout du bras avec de la laine d'acier pour simuler l'usure par frottement. Enfin, le bras sera lustré énergiquement avec un chiffon de laine.
N.B. Les bras et leurs supports ne seront recollés qu'après rempaillage de l'assise.

Pour augmenter le pouvoir couvrant d'une teinte cellulosique, lui ajouter un peu de terre de Sienne, ombre brûlée ou ocre rouge. Ces terres élargissent la gamme des teintes de base et permettent d'obtenir des tons très naturels. Pour le hêtre, difficile à teinter, ce pouvoir couvrant est précieux. On peut même mélanger ces teintes à du vernis polyuréthanne satiné pour teinter et vernir des pièces sur un siège récent.

Enfin, une légère teinte cellulosique permettra de redonner de la couleur à un bois blanchi par la lumière, sans le décaper.

Jus (patine ancienne). Dans un récipient, mélanger à parts égales du vernis matine (ou de la gomme laque) et de l'alcool à vernir. Sans trop charger le vernis, ajouter quelques petites pincées de terres naturelles : terre de Sienne, ombre brûlée et ocre rouge. Faire un essai sur une planche de même bois : cela doit donner un film léger, pas à proprement parler une teinte.

Avec un gros pinceau, passer rapidement cette préparation sur le siège. Quelques heures plus tard, cirer normalement. Le siège s'est patiné (on parle de jus ancien : la teinte du hêtre ancien est appelée robe de lièvre).

Quelques heures après on peut passer une cire de teinte claire : elle n'encrassera pas les moulures et les sculptures.

Nettoyage des bronzes

Si le siège possède des sabots ou des motifs ornementaux en bronze (alliage de cuivre et d'étain d'aspect doré), ou en laiton, commencer par les démonter. On peut les nettoyer à sec avec une fine brosse métallique et de la laine d'acier

On peut aussi les immerger dans l'alcali (ammoniaque). Enfiler des gants de caoutchouc et les brosser à la brosse métallique. Rincer aussitôt dans l'eau. Les essuyer soigneusement et les faire briller avec de la laine d'acier.

Remarque. Tous les produits genre popote d'ébéniste laissent des dépôts dans les recoins, et je vous les déconseille. Par contre, les produits destinés à faire briller les jantes des roues de voiture décapent à merveille le laiton oxydé. Rincer à l'alcool.

Patins

Plus un siège glissera facilement sur le sol, moins les montants travailleront quand on le déplacera. Poser des patins sous les pieds ne peut être que conseillé. Encore faut-il qu'ils soient adaptés au sol sur lequel le siège sera habituellement posé.

Pour les carrelages, les revêtements synthétiques, le parquet, choisir des patins ronds en feutre, autocollants. Poncer les bouts de pieds avant de les appliquer.

Pour la moquette, poser des patins métalliques à trois branches ou à axe central . Avant d'enfoncer cet axe, percer un avant-trou de 1 mm afin de ne pas éclater le bois. Si le mandrin de la perceuse est trop large pour accepter une mèche si fine, entourer la tige de la mèche avec du ruban adhésif pour augmenter son diamètre.

Dans la collection Savoir Créer

Encadrement passion
Décoration sur porcelaine
Peinture à effets décoratifs
La dorure
L'encadrement déco
Plaisir d'encadrer
Le vitrail
La marqueterie
Le grand livre du bricolage
Art de la peinture paysanne
Création en mosaïques
La reliure

Crédit des illustrations
Croquis : Xavier Dyèvre, sauf indications contraires.
Photos : Xavier Dyèvre, sauf :
page 11 : François Germond (Le Pupitre de sainte Radegonde, Éditions Didier Ternon)
pages 13 (haut) et 15 : © R.M.N
page 17 (haut) : © Pix / Doumic
page 17 (bas) : © Groupe Xylos
pages 23 - 28 - 69 - 73 (gauche) - 90 - 112 : Espace Photos Industrie.

Droits de traduction et de reproduction réservés pour tous pays.
Toute reproduction, même partielle, de cet ouvrage est interdite sans l'autorisation préalable de l'éditeur. Une copie ou reproduction par quelque procédé que ce soit (photographie, microfilm, bande magnétique, disque ou autre), constitue une contrefaçon passible de peines prévues par la loi sur la protection des droits d'auteur.

Maquette : Claude Poirier
© Éditions Fleurus, Paris, avril 1996
Imprimé et relié par Pollina s.a., 85400 Luçon - n° 88222
Photocomposition - Photogravure : Nord Compo
Dépôt légal : janvier 2003
ISBN 2-215-02146-2
2e édition - n° 92296
Imprimé en France